일본 소도시 여행을 가장 행복하게 하는 방법

이 책에서는 일본어 지명과 인명 표기 시 외래어표기법(예: 마쓰에, 다카마쓰) 대신 독자에게 더 친숙한 표기(마츠에, 다카마츠)를 사용했습니다. 다만 '쓰나미'처럼 이미 굳어진 보통명사는 예외로 두었습니다.

이 책의 출판권은 (주)두드림미디어에 있습니다.
저작권법에 의해 보호받는 저작물이므로 무단 전재와 복제를 금합니다.

일본 소도시 여행을
가장 행복하게 하는 방법

허근희 지음

두드림미디어

목 차

Chapter 1 | 중부, 진짜 여행이라는 느낌을 주는 일본의 알프스

신비의 세계로 진입하는 관문, 토야마   8
금쪽같은 매력의 도시, 가나자와   16
진짜 여행이라는 느낌을 주는 일본의 알프스   24
제일 다채로운 일본을 만날 수 있는 곳, 나고야   32
어느 날 여행이 행복하다고 말했다, 나가노   40
괜찮아, 여행도 삶이고 일상이다   48
다시 심장이 뜨거워져라   55

Chapter 2 | 산인, 전 세계가 극찬한 살아 있는 액자 정원

미식과 온천과 예술의 도시, 요나고   64
요괴들의 성지, 미즈키 시게루 로드   69
전 세계가 극찬한 살아 있는 액자 정원, 아다치 미술관   76
대자연의 아름다운 선물, 돗토리 사구   83
나룻배의 낭만, 마츠에 호리카와 유람선   90
일본 산인의 후지산, 다이센   97
작은 여행, 특별한 발견   104

Chapter 3 | 시코쿠, 섬나라 속 신비로운 섬마을

우동현에 오신 것을 환영합니다, 다카마츠	112
꽃보다 예쁜 호박이 있어 좋다, 나오시마	119
걷는 순간 여행 시작, 시코쿠 순례길	125
센과 치히로의 모험 속 도고 온천, 마츠야마	132
섬나라 속 신비로운 섬마을	139
춤추고 노래하고 사랑하라	146
소도시 여행법	152

Chapter 4 | 도호쿠, 숨은 보석처럼 반짝이는 대자연의 풍경

아키타, 너는 사랑이다	160
숨은 보석처럼 반짝이는 대자연의 풍경	166
사람, 자연, 사과가 만나는 곳, 아오모리	172
일곱 빛깔의 천연 온천, 뉴토 온천	179
화려한 여름밤을 달구는 네부타 마츠리	186
철들지 않아야 여행이 즐겁다	193
행복하기로 선택하라	199

Chapter 1
중부,
진짜 여행이라는 느낌을 주는
일본의 알프스

신비의 세계로 진입하는 관문, 토야마

세계로 가는 기차 타고 가는 기분 좋지만
그대 두고 가야 하는 이내맘 안타까워
그러나 이젠 떠나가야 하는 길 위에 서서
너도 가고 나도 가야지

이제는 정말 꿈만 같던 시간들은 지나고
밝아 오는 내일의 희망들을 향해
이제는 정말 떠나가야 하는 길위에 서서
너와 나의 꿈은 하나리

들국화, 〈세계로 가는 기차〉

[출처 : 저자 제공]

 일 년의 기다림 끝에 오픈하는 일본 다테야마 알펜루트 관광이 시작할 때, 토야마는 가장 활기를 띤다. 경적을 울리며 칙칙폭폭 달려오는 기차 소리를 들으며, 어두운 터널 속에서 두근두근 기다리다가 밝고 환한 세상으로 나올 때 탄성을 자아내듯, 겨울 동안 은둔과 고요 속에서 에너지를 응축했다가 4월 오픈과 동시에 자신의 아름다움을 마음껏 뽐내는 것이다.

 일본을 흔히 섬나라라고 알고 있지만, 사실 일본에는 3,000m가 넘는 산이 21개 이상 있을 정도로 높은 산이 많고, 따라서 깊은 계곡도 많다. 깊은 계곡에는 물도 풍부하다. 맑고 깨끗한 만년설이 녹아 흘러내리는 청정한 물은 워낙 예민해, 좋은 환경이 아니면 자라지 못한다는 대왕 와사비 농장이 있을 정도다. 도쿠가와 이에야스(德川家康)가 좋아했다는 와사비는 살균 작용과 항염 작용이 탁월해, 어린 시절 몸이 약해 오줌을 자주 쌌다는 도쿠가와의 대망을 이루게 하는 데 건강지킴이 역할을 톡톡히 했음이 틀림없다.

'토야마(富山)'는 한자로 '풍요로운 산'이라는 뜻을 가진다. 그래서인지 인구 42만 명의 작은 도시지만, 소득 수준은 높은 편이다. 4월 15일이면 만개한 벚꽃길을 감상할 수 있고, 저 멀리 병풍처럼 둘러쳐진 다테야마의 아름다운 자태는 물론, 반짝이는 반딧불 오징어를 직접 만지고 볼 수 있는 나메리카의 바다 풍경까지, 도로를 달리는 차 안에서 동시에 즐길 수 있다. 가히 환상적인 '1석 3조'라 할 수 있다.

1년에 한 번, 4월 15일에 개장해 6월 23일에 마감하는 알펜루트는 총 길이 43km에 달하는 이동 코스다. 도보를 포함해 총 일곱 개의 교통수단을 이용해서 해발 3,000m가 넘는 다테야마를 넘는 여정으로, 큰 힘을 들이지 않고 아름다운 다테야마의 절경을 감상할 수 있다. 이 루트에서는 웅대한 자연경관뿐만 아니라, 그 속에 스며 있는 산업화의 흔적과 사람들의 피와 땀을 느낄 수 있는데, 그중 가장 하이라이트는 26m가 넘는 설벽이다. 다양한 볼거리와 웅대한 중부 알프스의 아름다움을 만끽할 수 있어, 일본 여행이 처음인 사람부터 베테랑 여행자까지 모두에게 감동을 주는 대표 명소다.

알펜루트는 국제선 기준으로 총 세 곳의 공항을 통해 접근할 수 있다. 일본 내에서도 소규모인 고마츠·토야마 공항, 그리고 비교적 규모가 큰 나고야 중부국제공항이다. 나고야에서 진입할 경우, 중부 산맥을 끼고 있는 고속도로를 타고 3시간 이상 달려 토야마나 나가노 쪽으로 들어올 수 있다. 이동시간이 긴 만큼 힘들 수도 있지만, 달리는 버스의 차창 밖으로 넓게 펼쳐지는 일본의 시골 풍경과 더불어 멀리 우뚝 솟은 산맥을 감상하는 재미가 쏠쏠하다.

고마츠 공항을 이용하면 평소 여행으로는 잘 찾지 않는 나가노 관광을 함께 즐길 수 있다. 토야마에서 나가노에 걸쳐 펼쳐져 있는 알펜루트를 관광하는 데는 고마츠 또한 좋다. 하지만 높은 산이 많은 나가노는 지역을 넘어가는 데 이동시간이 만만치 않기에 '엉덩이가 평평해질' 각오가 필요하다.

그중에서도 토야마 공항을 통해서 들어오는 것이 가장 이동이 짧은 편이다. 알펜루트 핵심 집중 공략 편이라고 해야 할까? 토야마는 가나자와까지 1시간 거리라 일정 구성도 편리하다. 무엇보다 공항에서 나서자마자 눈 앞에 펼쳐지는 설산, 한적하고 고즈넉한 시골 풍경, 그리고 저 멀리 구름이 낀 듯 몽환적인 동시에 남성적인 웅장함을 뽐내는 다테야마를 바로 만날 수 있다.

　4월 15일 전후는 토야마의 대표 명소인 토야마성 근처에 벚꽃이 만개하는 시기다. 나는 어린 시절 〈빨간 머리 앤〉을 좋아했는데, 길버트와 앤의 밀고 당기는 연애 이야기도 좋지만, 그보다 앤의 성격을 가장 잘 보여주는 만개한 벚꽃길 사이에서 빙글빙글 돌며 시작하는 도입부를 가장 좋아했다. 어쩌면 저렇게 아름다운 색과 풍경이 있을 수 있을까?

　벚꽃은 일본인들이 가장 사랑하는 꽃이다. 떨어질 때 가장 깨끗하고 아름답게 흩날리기 때문이다. 일본은 오랜 전국시대를 거치며 끊임없이 싸우고 서로 죽였다. 그리고 단순히 죽는 것이 아니라, 죽을 때는 할복을 해야 했다. 생각만 해도 무시무시하다. 배를 가른다고 해서 쉽게 죽는 것도 아니다. 수치를 미워했던 일본인들은 죽음 앞에서 두려워하는 모습을 보이기를 극도로 꺼렸다. 그래서 자신의 목을 자신의 가장 친한 친구에게 맡겨 깨끗한 죽음이 되기를 원했는데, 여기서 나온 표현이 '절친'이다. 우리는 흔히 '베스트 프렌드'라는 의미로 절친이라는 표현을 쓰지만, 본래 의미는 '나의 목을 잘라주는 사람'이었다. 순수한 우리말 표현으로는 '단짝 친구'가 맞다. 일본인들은 죽을 때조차 벚꽃처럼 아름답고 깨끗하게 사라지길 바랐다.

[출처 : 저자 제공]

중부 지방은 전국시대를 평정한 '삼영걸'이 태어난 곳이자 사무라이들이 가장 치열하게 전투를 벌였던 지역이다. 벚꽃이 흐드러지게 피고 아름답게 떨어질 가치가 충분한 곳이라 할 만하다.

토야마 공항을 통해 들어가면 보통은 바로 토야마를 관광하지는 않는다. 1시간 거리의 가나자와의 겐로쿠엔과 히가시차야 거리가 있는 이시카와현을 먼저 찾는다. 어디를 가든 봄날의 밝은 햇살 속에서, 연분홍빛으로 물든 벚꽃을 만날 수 있다.

봄을 '여자의 계절'이라 했던가. 벚꽃을 보고 있으면 마음이 절로 들뜨고 설렌다. 핑크색은 여성적이고 화사한 색을 상징한다. 나는 가끔 마음이 가라앉을 때 핑크색 옷을 입는다. 핑크를 좋아하는 사람치고 어둡고 무거운 성격인 경우는 드물다. 색은 고유한 에너지를 지니고, 봄이 아름다운 이유는 그 다채로운 색들이 넘실대기 때문이다.

만물이 소생하는 봄날의 여행은 어디를 가도 행복하다. 작은 공원을 거닐기만 해도 밝고 생기 있는 기운이 가득하다. '춘생추살(春生秋殺)'이라 했던가. 봄은 모든 것을 살리고 퍼뜨리는 기운이 충만하다. 그래서 봄철에 어디로 떠날까 고민된다면, 물론 어디든 좋겠지만 나는 토야마를 추천한다.

봄날 날씨는 변덕이 심하고, 그 기간도 의외로 짧다. 꽃은 금세 지고, 갑자기 더워질 수도 있다. 연녹색의 풋풋한 어린잎은 어느새 깊고 진한 녹색으로 물들어버린다. 그래서 수줍게 꽃봉오리를 터뜨리기 시작하는 4월에 토야마로 떠나야 한다.

단, 기대는 금물이다. "Travel is trouble"이라는 말이 있지 않은가. 벚꽃은 늦게 필 수도, 일찍 져버릴 수도 있다. 하필 가는 날이 비바람 부는 날일 수도 있다. 비바람에 연약한 꽃잎들은 금세 떨어져버린다. 자연은 자연이 허락해야만 볼 수 있다. 기대는 때로 독이다. 기대하지 않고 여행을 떠날 수 있는 것만으로 이미 행복한 사람이다. 풍경은 그냥 덤일 뿐이다. 이런 담담한 마음으로 여행을 온다면, 자연이 주는 소소한 아름다움에도 감탄하게 될 것이다.

그리고 감탄할수록, 자연은 더 큰 아름다움으로 보답한다. '부익부 빈익빈(富益富貧益貧)'의 법칙이 있지 않은가. 여행도 예외가 아니다. 감사와 행복의 파동을 발산하면, 더욱 감사하고 행복할 일을 만나게 된다. 햇살은 더욱 찬란히 빛나고, 하천을 흐르는 물소리는 한층 청명하고 영롱해질 것이다. 꽃잎은 향기로움을 넘어 눈부실 것이다.

토야마에 도착하는 순간, 마치 신비의 세계로 향하는 열차에 오른 듯하다. 저항하지 말고 흐름에 몸을 맡겨보자. GO! GO!

금쪽같은 매력의 도시,
가나자와

　금으로 뒤덮인 아이스크림이 있다면, 당신은 그것을 먹겠는가? 아니면 가능하다면 보관해두겠는가? 나는 결혼을 앞두고 엄마에게 무엇을 선물로 받고 싶냐고 물었다. 엄마는 밍크도, 다이아도 아닌 '금 10돈 팔찌'를 받고 싶다고 하셨다. 확인해보진 않았지만, 엄마는 여전히 그 금팔찌를 보관하고 계실 것이다. 정말 다급한 경우가 아니고서는, 우리네 엄마들은 금을 파는 일이 좀처럼 없다. 금값이 시간이 지날수록 가치가 올라간다는 것을, 인생 선배인 엄마들은 알고 있기 때문이다. 실제로도 금의 가치는 꾸준히 상승해왔다.

　올림픽에서 일등에게 걸어주는 메달도 금메달이다. 금은 결코 우리를 배신하지 않는다. 반짝이는 금빛은 흔히 '황금'이라 불리며, 인류 역사 속에서 풍요와 부의 상징이었다. 황금빛은 끝없이 넘실대는 해바라기 들판을 연상시키기도 하고, 온몸에 황금빛이 쏟아지는 듯한 명상을 하면 재물운이 좋아진다는 말도 있다.

토야마 공항을 빠져나와 약 1시간 정도를 달리다 보면 가나자와에 도착한다. '가나자와(金沢)'라는 지명 자체가 이미 금박과 연관된 이름이다. 금박은 금의 함량에 따라 '호(號)' 수로 등급을 매기는데, 4호 이상이면 식용이 가능하다. 하지만 많이 먹는다고 좋은 것은 아니니 욕심은 금물이다. 가나자와는 강수량이 많고 습기가 높은 편이라 정전기가 생기기 어려워 금박을 제조하는 데 좋은 조건을 가지고 있다. 또한, 이곳은 에도시대, 최고의 권력을 자랑했던 마에다 가문의 영지였다. 그 영향으로 장신구 등 사치품이 발달해, 지금도 각 상점에는 화려한 금박 공예품과 장신구들이 눈부시게 진열되어 있다.

소박함과 낡고 오래된 것에서 아름다움을 찾던 일본인의 미학은 어디로 갔을까. 마치 욕망 가득한 황금만능주의 세상이 올 것을 예측이라도 한 듯, 봄철의 가나자와는 여행자들을 벚꽃 향기에 취하게 하고, 황금빛 찬란함에 매혹되어 머무르게 만든다.

가나자와는 인구 약 47만 명의 이시카와현 현청 소재지다. 이곳은 도쿠가와 충신 가문 중에서도 최대 부호였던 마에다 가문이 근 300년 이상을 관할한 곳이다. 마에다는 빠른 판단력과 과감한 행동으로 혼돈의 시기에 막강한 권력을 손에 넣었다. 전국시대의 혼란을 종식시키고 일본 최고의 권력으로 부상한 오다 노부나가와 동맹을 맺었으며, 노부나가 사후에는 도요토미 히데요시(豊臣秀吉)와 손을 잡았다.

히데요시는 자신이 죽기 전, 50이 넘어 겨우 얻은 외아들 히데요리(豊臣秀賴)를 5명의 가신에게 맡겼는데, 마에다(前田利家)는 그중 한 명이었다. 히데요리에게 충성을 맹세했던 그였지만, 결국은 히데요시의 라이벌이었던 도쿠가와 편에 서게 된다. 도요토미와 도쿠가와의 마지막 전투였던 세키가하라 전투에서 도쿠가와의 승리에 결정적인 공을 세웠고, 이후 도쿠가와 막부가 존속하는 동안 단 한 번도 배반하지 않았다. 그러나 막부가 무너진 뒤에는 함께 쇠락의 길을 걸었다.

오늘날 가나자와성과 겐로쿠엔은 마에다 가문의 전성기를 상징하는 유산으로 남아 있다. 가나자와성과 겐로쿠엔으로 향하는 길에는 벚꽃이 만발해 걷는 이의 얼굴에 웃음꽃을 피운다. 가나자와의 상징이라 할 수 있는 겐로쿠엔(兼六園)은 '여섯 가지 미덕을 모두 갖춘 정원'이라는 뜻을 지닌다. '겐로쿠(兼六)'란 광대함(廣大), 유수함(幽邃), 인력(人力), 고색창연함(古色蒼然), 수천(水泉), 조망(眺望)을 뜻한다.

송나라 서적인 《낙양명원기(洛陽名園記)》에는 이렇게 적혀 있다.
"정원에서 여섯 가지 뛰어난 경관을 동시에 갖추는 것은 불가능하다. 광대함을 표현하면 정적과 깊이가 부족해지고, 사람의 손이 닿으면 오래된 정취가 사라진다. 폭포나 연못이 많으면 멀리 바라볼 수 없다. 이 여섯 경관이 공존하는 곳은 호원(湖園)뿐이다."

이 어려운 일을 해낸 곳이 바로 겐로쿠엔이다. 겐로쿠엔은 에도시대, 도쿠가와 다음으로 나는 새도 떨어뜨릴 정도의 막강한 영향력을 자랑했던 5대 영주 마에다 쓰나노리(前田綱紀)가 시작해, 13대 영주 마에다 나리야스(前田斉泰)가 1851년에 완성했다. 권력자들의 취미였던 다도와 정원 가꾸기의 모범답안이라 할 수 있는 이곳은 대대로 다이묘들의 전폭적인 지원과 사랑을 받았다.

[출처 : 저자 제공]

겐로쿠엔에는 고운 매화나무, 위엄 있는 소나무, 푹신하고 깨끗한 이끼 정원이 어우러져 있다. 바로 옆에는 가나자와성이 자리한다. 옛날 다이묘들의 취미생활은 정원을 가꾸는 것이었다. 자연을 벗 삼아 휴식과 위로를 얻고 싶었을 테다. 그래서 정원의 규모와 관리 상태는 곧, 그 지역 다이묘의 권력을 보여주는 척도였다. 대부분의 성은 성 안에 소박한 정원을 두지만, 겐로쿠엔은 가나자와성 밖에 자리하며 그 규모가 성을 압도한다. 마에다 가문이 얼마나 정원 조성에 진심이었는지를 알 수 있는 대목이다.

정원 안에는 곳곳에 다실이 있어, 차를 마시며 풍경을 감상할 수 있다. 옛날 다이묘들은 이곳에서 다도를 즐기며 어떤 생각을 했을까. 겐로쿠엔과 가나자와성을 둘러본 뒤에는, 가나자와 다이묘들이 즐겨 먹었다는 도리텐(とり天, 닭튀김)을 점심으로 먹는다. 아름다운 칠기 그릇의 뚜껑을 열면 놀라운 광경이 펼쳐진다. 밥 위에 금박이 뿌려져 있는 것이다. 반찬은 소박하지만, 금박이 올려진 밥을 먹다 보면 마치 다이묘가 된 듯 어깨가 으쓱해진다.

식사를 마치고 나면, 바로 옆에 있는 히가시차야 거리를 관광하기 위해 이동한다. 히가시차야 거리는 가나자와성 영주와 권력자들이 유흥과 연회를 즐기던 곳으로, 지금도 게이샤 공연을 볼 수 있는 곳이다. '동쪽의 찻집 거리'라는 이름에 걸맞게, 다닥다닥 붙어 있는 목조 건물들이 교토의 기온 거리를 연상시킨다.

히가시차야 거리의 길바닥은 붉은빛을 띠는데, 제설 작업에 철분 함량이 높은 온천수를 사용하기 때문이다. 건물들은 유독 2층 덧창이 독특한데, 밖에서는 안이 잘 보이지 않고 안에서는 밖이 잘 보인다. 에도시대 건축의 특징 중 하나인 이 구조는 1층을 상가로, 2층을 주거 공간으로 쓰기 위해 만들어졌다. 습도가 높은 일본에서는 1층을 거실, 2층을 침실로 쓰는 경우가 많았다. 히가시차야에서는 이 덧창이 혹시라도 도망치는 게이샤 견습생을 확인하는 데 쓰였을지도 모른다.

고풍스러운 골목을 걷다 보면, 마치 시간 여행을 온 듯한 착각에 빠진다. 그중에서도 단연 눈에 띄는 것은 붉은색 목조 건물 '시마(志摩)'다. 1820년 요정(料亭)으로 문을 연 이곳은 무려 200년의 역사를 자랑한다. 영화 세트장을 방불케 하는 아름다운 건물을 바라보며, 우리는 연신 카메라 셔터를 누르기에 바쁘다.

가나자와의 가장 유명한 먹거리는 단연 '금박 아이스크림'이다. 아이스크림 위에 통째로 금박 한 장을 입혀주는데, 그 모습이 신기하고도 고급스럽다. 이렇게 호화로운 간식은 다시 없을 것처럼, 우리는 금박과 아이스크림을 동시에 맛보기 시작한다.

가나자와는 1년에 180일 이상 눈이나 비가 오는 곳이어서, 도시락은 잊어도 우산은 잊지 말라고 한다. 습도가 높은 일본에서, 특히 가나자와는 정전기 방지를 위해 대나무 젓가락을 사용해 금박 작업을 한다. 또 순금에 동과 은을 섞는 비율에 따라 금박 색이 차이가 나기도 했다.

황금이 상징하듯, 가나자와는 한때 막강한 권력과 부가 집중되었던 도시였다. 그러나 모든 것이 영원하지 않듯, 부와 권세도 지나가고, 가문은 몰락했다. 근대화의 물결에 뒤처진 흔적이 곳곳에 남아 있다. 그나마 자존심을 지키는 것은, 일본 최고의 금박 생산지라는 자부심일 것이다.

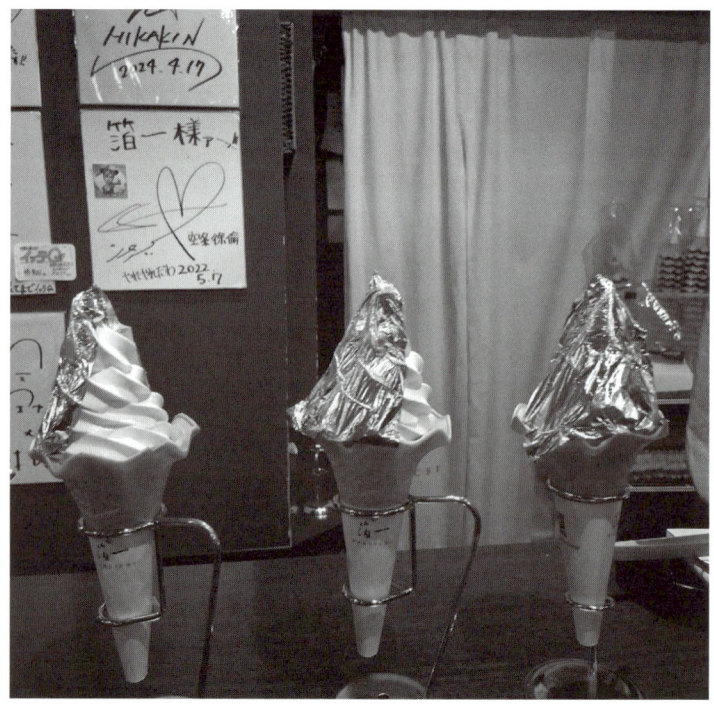

[출처 : 저자 제공]

4월, 벚꽃이 만개한 가나자와성과 겐로쿠엔, 그리고 곳곳에서 넘실대는 금빛은 '천국이 있다면 이런 모습이겠구나' 하는 즐거운 상상까지 하게 만든다. 하지만 모든 것은 영원하지 않다. 역사는 아이러니하다. 한때 최고의 부와 권력을 누렸던 가나자와도 도쿠가와 막부의 쇠락과 함께 운명을 같이했다.

가나자와의 매력을 한마디로 표현하자면 '흥망성쇠의 매력'이라 할 수 있다. 옛 시절의 영광이 남은 채, 그대로 시간이 멈춘 듯하다. 그러나 멈춘 그대로 충분히 가치 있고 아름답다. 그 모습이야말로 가나자와의 진짜 매력이다.

모든 것은 오고 가는 법. 부처님의 말씀처럼, 연연하지 않는 마음이 필요하다. 그리고 4월, 그 모든 아름다움의 극치는 단연 가나자와에 있다.

[출처 : 저자 제공]

진짜 여행이라는 느낌을 주는
일본의 알프스

　카르타고의 한니발(Hannibal Barca) 장군은 로마를 점령하기 위해 코끼리를 몰고 알프스산맥을 넘었다. 매섭게 몰아치는 눈보라를 뚫고, 거칠고 험준한 산맥을 배고프고 지친 군사들과 함께 행군했다. 과연 어떤 심정이었기에 그런 일이 가능했을까.

　"내 사전에 불가능은 없다." 나폴레옹(Napoléon)이 알프스를 넘으며 남긴 말이다. 알프스는 범접하기 어려운, 신비롭고도 아름다운 높은 곳을 상징한다. 멀리서 바라보면 장엄하고 아름답지만, 직접 오르기 위해서는 하늘이 허락해야만 하는 곳이다.

　그래서 그 험준한 산속에 사람들이 마을을 이루고 살아가는 모습은 더 감동적으로 다가온다. 인간의 힘은 참으로 위대하다. 다행히 세상은 점점 좋아졌다. 미래 또한 밝다. 이제는 목숨을 걸 필요도, 코끼리를 몰 필요도 없다. 편안하고 여유롭게 알프스를 여행할 수 있는 시대가 되었으니 말이다.

일본의 알프스라 불리는 알펜루트는 중부 지방에 전력을 공급하는 구로베 댐을 만들기 위해 조성된 루트다. 구로베 댐은 매초 10t 이상의 방출량을 자랑하는 중력식 댐이다. 중력식 댐이란, 콘크리트 자체의 무게로 물의 압력을 견디는 구조다. 반면, 우리나라의 소양강 댐은 사력식 댐으로, 흙·모래·자갈로 만들어져 포격에도 강하다. 아직 휴전 상태인 우리나라에서는 사력식 댐이 국가 방위 측면에서 유리하다.

댐은 나라의 '심장'과 같다. 심장이 펌프질을 잘해야 혈액이 온몸 구석구석으로 순환하듯, 전력 공급이 원활해야 국가 시스템이 안정적으로 돌아간다. 혈색이 좋아야 기운이 나고, 기운이 나야 좋은 운을 끌어들이듯 말이다.

[출처 : 저자 제공]

구로베 댐의 건설은 1956년부터 1964년까지 7년 동안 진행되었다. 해발 1,454m, 일본에서 가장 높은 위치에 있는 댐으로, 높이는 186m, 길이는 492m에 달한다. 총 513억 엔이라는 천문학적인 비용이 들었고, 1,000만 명 이상이 동원된 대규모 공사였다. 공사 중 파쇄된 구간으로 80m를 파는 데 7개월 이상이 소요된 어려운 구간으로, 전체 공사가 중지될 위기가 있기도 했다. 참으로 어려운 공사였기에 171명의 인력이 목숨을 잃기도 했다.

알펜루트는 나가노현 오오마치에서 토야마현 다테야마마치까지 이어지는 총 43km의 루트를 말한다. 오오기사와역(해발 1,433m)에서 출발해 정상인 무로도(2,450m)까지 오른 뒤, 다테야마(475m)까지 내려오는 여정이다.

가장 큰 하이라이트는 정상인 무로도의 '설벽' 체험이다. 작년 가을부터 올해 봄까지 쌓인 눈이 높이 26m에 달하는 거대한 설벽을 이룬다. 믿기지 않을 만큼 웅장한 설벽 사이를 산책하며 설경에 취할 수 있다. 2,678m의 아카자와타케와 3,015m의 다테야마 봉우리를 여섯 가지 교통수단을 이용해 이동하며 북알프스의 비경을 만끽하는 것이다.

여정의 시작은 나가노현 오오기사와역에서 전기버스를 타고 6.1km의 터널을 통과하는 것이다. 이 터널은 원래 구로베 댐 접근을 위해 만들어졌다. 기존 일반 버스에서 디젤 엔진을 제거하고 배터리를 장착한 차량으로, 2010년 4월 트롤리버스에서 전기버스로 교체되었다.

알펜루트의 케이블카는 일본 유일의 전 구간 지하식 케이블카다. 경관을 보호하고 눈사태에 대비하기 위해 지하로 설계되었다. 또한 최대 80명이 탑승할 수 있는 로프웨이는 최장 1,700m에 달하며, 일본에서 유일하게 주탑이 없는 구조다. 이 역시 알프스의 자연과 경치를 보존하기 위한 설계다.

알펜루트를 가는 날은 아침부터 묘한 긴장과 설렘이 교차한다. 30명이 넘는 손님들을 모시고 버스, 케이블카, 로프웨이 등 여러 교통수단을 갈아타야 하기에, 시간과 인원을 수시로 체크해야 하는 부담이 있는 날이다. 손님들 표정은 마치 알프스를 정복하겠다는 기세로 비장하고, 배낭도 단단히 짊어진다. 정상에는 설벽이 기다리기에 한겨울 패딩과 눈·비에 대비한 겨울 장비가 필수다. 혹여 누가 다치거나 아프기라도 하면 큰일이기에, 인솔자인 나로서는 긴장이 아니될 수 없는 날이다.

먼저 손님들의 나이와 성향을 파악한다. 인원 파악은 필수다. 알펜루트는 악천후로도 유명해, 비가 오거나 안개가 자욱하면 눈앞 1m도 보이지 않을 정도로 시야 확보가 되지 않는다. 핸드폰도 잘 터지지 않을 때가 많다. 보이지 않고 연락도 되지 않으면 두려움과 공포가 엄습해온다. 높은 산 속에서 우리는 오로지 두 다리와 탈것에 의지해 나아가야 하는데, 그 상황에서 손님이 보이지 않는다면? 시각이 확보되지 않으면 우리는 청각을 동원한다. 그리고 보이지 않을 때는 연대감과 연결감에 의지해야 한다.

그래서 나는 손님들이 서로를 챙기기 쉽도록, 그리고 내가 기억하기 쉽도록 '조'를 짠다. 가족이나 친구 단위로 4~6명이 함께 오는 경우는 단독으로 한 조를 이루지만, 두 분씩 오는 경우가 많다. 그럴 때는 나이와 분위기를 보고 조를 짜는 게 좋다.

주요 손님층은 은퇴 후 여행을 즐기는 분들이다. 이분들은 구로베 댐이 건설된 1957년에서 1960년대 후반 사이에 태어나신 분들이다. 나는 이분들을 '산업의 역군' 팀이라 부른다. 6·25 전쟁 직후, 필리핀과 대만보다도 국민소득이 낮았던 가난한 시절에 어린 시절을 보내야만 했던 우리네 아버님, 어머님들이시다. 그래서 나는 우리나라를 일으켜 세워주신 '근대화의 역군'이라며 감사의 인사와 함께 조를 짜드리곤 한다.

나라가 너무 가난해 전 세계로 아이를 입양 보내고, 생계를 위해 타국으로 이민을 떠나야 했던 그 시절을 살아낸 분들이다. 깊이 패인 주름만큼 우리나라가 잘살게 된 것은 모두 이분들 덕분일 테다. 알펜루트를 이동할 때는 손님들도 조별로 호명하며 체크한다. 마치 군대의 1진, 2진 행군처럼, 시간과 장소를 명확히 확인한 뒤 해산하고 모이기를 반복한다.

오오기사와역에서 전기버스를 타고 약 15분간 터널을 지나면, 아름다운 봉우리에 둘러싸인 연녹색의 신비로운 구로베 댐을 맞이한다. 우리는 첫 탄성과 함께 구로베의 아름다움에 취한다. 이후 케이블카를 타고 이동해 구로베다이라에서 점심을 먹는 경우가 많다. 병풍처럼 둘러쳐진 다테야마의 풍경이 술맛을 돋운다. 자고로 물 좋고, 산 좋고, 공기 좋은 곳에서 술 한잔 곁들이는 것이야말로 풍류의 도가 아니겠는가. 구로베다이라에는 알프스 용천수로 만든 지방 맥주를 파는데, 매점에서 맥주를 구입해 식사하면서 마실 수 있다. 산 위에서 마시는 맥주의 맛은 그야말로 일품이다.

식사를 마친 뒤에는 로프웨이를 타고 대롱대롱 매달린 채 이동하며, 다시 한번 구로베 댐을 마지막으로 감상한다. 어느 곳에서 봐도 아름다운 절경이다. 그리고 다테야마 알펜루트의 하이라이트, 설벽과 정상의 칼데라 호수가 있는 무로도로 이동한다.

설벽은 겨우내 쌓인 눈이 거대한 벽을 이루어 장관을 이룬다. 해발 2,450m 지점에 선 설벽과 저 멀리 눈으로 뒤덮인 산악 봉우리의 모습은 그야말로 장엄하다. "스바라시이(すばらしい, 너무 멋있다))"라는

감탄이 절로 나온다. 남성적이고 용맹한 다테야마의 웅장함이 가슴을 울린다. 설벽 위에 각자의 이름도 새겨놓고 한글을 써놓기도 한다. 여기까지 온 자신을 칭찬하며 녹아 없어져버릴 눈이지만, 각자 자신의 흔적을 남기기에 분주하다.

무로도에는 '호시노 주크'라는 별 모양 아몬드 초콜릿을 파는 가게가 있다. '하늘의 별과 가장 가까운, 가장 높은 역'이라는 의미를 담았으며, 달콤한 초콜릿과 고소한 아몬드 맛이 어우러진다. 한국에 돌아가서 이 아몬드 초콜릿을 먹으며 설벽의 감동을 기억하려고 선물로 구입해본다.

또한 무로도에는 '라이초(ライチョウ)'라는 신비로운 새가 살고 있다. 날지 못하는 새인데 천연기념물이다. 라이초는 겨울에는 흰색으로, 여름철에는 갈색으로 털빛을 바꿔 자신을 보호한다. 라이초는 빙하를 타고 왔다고도 전해지는데, 이 다테야마의 마스코트 같은 존재다. 무로도에서는 유황 온천 분화구가 만든 칼데라 호수를 끼고 산책할 수 있는데, 운이 좋으면 행운의 새라 불리는 라이초를 만나는 기쁨도 누릴 수 있다.

무로도까지 다 보았다면 이제는 다시 내려가야 한다. 고원버스를 타고 한 번에 2,000m 정도를 내려간다. 구불구불 돌아가는 고원은 너무나 아름답지만, 이 시점에는 손님들의 체력이 바닥나 있다. 그래서 대부분 따뜻한 버스 안에서 깊은 잠에 빠진다.

　여기서 중요한 팁이 있다. 그것은 바로, 내년에 다시 한번 알펜루트를 여행 오는 것이다. 그때는 이번과 반대로 고원에서부터 올라오는 코스를 택해보자. 여행은 같은 곳을 세 번 이상 와야 여행지의 진정한 아름다움을 음미할 수 있다.

　아침에 출발한 알펜루트는 늦은 오후가 되어서야 내려온다. 오전에 우리를 나가노현에서 내려주었던 버스가 토야마현에서 기다리고 있다. 마치 지리산을 등반하는데 전라도에서 헤어졌다가 경상도에서 만난 기분이랄까? 반가움에 기사님과 인사를 나누고, 버스에 올라타서 푹신한 의자에 몸을 털썩 맡긴다. 안도감과 편안함, 그리고 성취감이 우리를 감싼다. 손님들이 "매일 타고 다니는 버스가 이렇게 편한지 몰랐어요"라며 웃는다. 우리가 타고 내려왔던 다테야마를 올려다본다. 누구 한 명 다치지 않고, 아프지 않고, 무사히 이곳을 다녀오게 해준 산에 감사 인사를 드린다.

　우리는 늘 모험과 도전을 꿈꾼다. 리스크를 감수하고 한 걸음을 내디딜 때, 그 안에서 몰입이 생기고, 성취했을 때 만족감 또한 느낄 수 있다. 그래서 여행을 떠나는 것이리라. 진짜 여행이라는 느낌을 주는 알프스 다테야마에 감사와 사랑을 전한다.

제일 다채로운 일본을 만날 수 있는 곳, 나고야

나고야는 중부 센트럴 국제공항을 통해 들어갈 수 있다. 중부는 일본 네 개의 섬 중 가장 큰 혼슈의 중앙 지역을 말한다. 옛날에는 전국 각지에서 에도로 향하는 길목에, 말과 사람이 쉬어가는 숙박 시설이 있는 역참 마을이 있었다. 에도로 가기 위해서는 반드시 중부 지역을 거쳐야 했기 때문에, 이곳은 자연스레 구석구석 도로가 발달하게 되었고, 명실상부 일본 교통의 요지가 되었다.

이곳은 브라더 미싱, 토요타와 같은 제조·공업의 중심지이기도 하다. 중부 지방은 총 아홉 개의 현으로 구성된다. 이시카와현·토야마현·니가타현은 동해에 접하고, 아이치현·야마나시현·시즈오카현은 태평양을 끼고 있다. 그리고 나가노현·기후현·후쿠이현은 내륙에 위치해, 웅장한 산림과 자연 경관을 자랑한다. 바다와 산의 혜택을 두루 받아, 물맛이 좋고 술과 쌀이 맛있기로도 유명하다.

중부 지방의 중심은 도쿠가와 가문의 나고야성이 있는 아이치현의 현청 소재지, 나고야다. 나고야의 인구는 약 230만 명으로, 면적은 서울의 절반 정도다. 나고야에 위치한 중부 센트럴 국제공항은 일본 제3의 도시임에도, 도쿄 나리타공항이나 오사카 간사이공항에 비해 규모가 크지 않다.

그래서 이른 아침부터 인천공항의 북적임 속에서 수속하느라 지쳐 있던 손님들도, 나고야 공항에 도착하면 입국 수속장의 한산함에 한숨을 돌린다. 비행기가 겹치지 않는 한, 입국 수속은 번개처럼 끝난다. 짐을 찾고 로비로 나오는 순간, 손님들의 표정이 다시 놀라움으로 바뀐다. 그 이유는 푸른빛을 내는 청룡이 우리를 맞이하고 있기 때문이다.

서양에서 용은 파괴적이고 두려운 존재로 그려지지만, 동양에서의 용은 전혀 다르다. 여의주를 물고 하늘을 나는 전지전능한 신적 존재, 물을 다스리는 신의 이미지가 강하다. 심청이를 구해주었던 이도 바로 용왕님이었다.

강수량이 많은 일본은 어디든 물이 넘친다. 특히 나고야는 중부 산맥의 만년설이 녹아내려 물이 풍성하다. 그래서일까, 나고야 공항

로비에서 만나는 푸른빛 청룡은 중부의 남부에서 북부로 솟구쳐 오르며 승천하는 모습이 마치 중부의 부활을 알리는 것 같다. 오랜 시간 동쪽과 서쪽에 치여 근대화에서 밀린 듯한 상대적 소외감을 탈피하고자 하는 나름의 의지가 느껴지기도 한다.

나고야의 옛 지명은 아이치였다. 이곳은 일본 전국시대를 끝내고 천하통일의 기초를 닦은 세 영웅, 오다 노부나가(織田信長), 도요토미 히데요시, 도쿠가와 이에야쓰를 모두 배출한 땅이다. 아이치의 서쪽, 오와리 지방에서 오다와 도요토미가 태어났고, 동쪽 미카와는 도쿠가와의 고향이었다. 일본의 걸출한 3대 호걸을 배출한 명당이 바로 중부의 아이치인 것이다.

오다로 첫 통일의 시작을 알리며 전국시대는 막을 내리게 된다. 그러나 하늘 아래 두 개의 태양이 있을 수 없기에, 도요토미와 도쿠가와는 서군과 동군으로 나누어 크게 싸웠다. 이는 그들의 마지막 세력 싸움인 세키가하라 전투에서 매듭지어졌다. 도쿠가와가 도요토미 세력을 방어하기 위해서 세운 성이 지금의 나고야성이다. 결국, 전국시대의 마지막 승자이자 260년이라는 평화의 시간을 대대손손 누리게 된 도쿠가와 가문의 승리로 전쟁은 끝났다.

"인생이란, 무거운 짐을 지고 먼 길을 걸어가는 나그네와 같다."
도쿠가와 이에야스가 남긴 이 말은 그의 삶과 닮아 있다. 70세에 대망을 이루고 73세에 눈을 감은 그의 무덤은 고향 나고야가 아닌, 미야기현 닛코의 도쇼궁에 있다. 햇살이 하루 종일 비추는 닛코(日光)에 손자이자 3대 쇼군이었던 이에미츠가 할아버지를 모신 것이다. 화려한 조각과 극도로 세밀한 장식으로 이름난 도쇼궁은 일본 건축의 극치를 보여주며, 주젠지코 호수와 게곤 폭포라는 절경이 어우러져 있다. 일본 최고 권력자의 안식처라 부르기에 손색이 없다.

나고야는 토요타시로도 유명하다. 토요타는 원래 방직 부품 기계를 생산하는 회사였다. 그러나 경영 초기 노동 파업이 일어나면서 경영이 어려워졌고, 파산 신청 직전까지 몰리게 된다. 그런데 석 달 뒤, 우리나라의 6·25 전쟁이 발발했다. 다급했던 미국은 전쟁 준비를 위해 군용 트럭 1,000대를 토요타에 주문하게 된다.

자동차는 2만 5,000여 개 이상의 부품이 필요한 정밀한 기계다. 미군이 토요타를 실사했을 당시만 해도 시설은 엉망이었고, 창고조차 제대로 갖춰지지 않았다. 미군 측이 난색을 표하자, 토요타는 "걱정하지 말라"라고 장담했다. 그러자 미군은 "그렇다면 현재 있는 재고만으로 관리해 트럭을 만들어달라"라고 요구했다. 창고를 늘리지도, 부품을 더 쌓지도 말고 지금 있는 것으로만 생산하라는 조건이었다.

이때 탄생한 것이 바로 토요타 자동차의 재고 관리 시스템, 저스트 인 타임(Just in Time) 방식이다. 한때 미국에서도 이 시스템을 배우기 위해 열광했다는 이야기가 전해진다. 저스트 인 타임 시스템은 비용을 낮추고 품질을 높이는 혁신적인 관리 방식이다. 또한 6개월마다 매뉴얼을 업데이트해 사람이 바뀌어도 시스템에는 문제가 없도록 했다. 지금 토요타의 연 매출은 29조 원이 넘는다. 오늘날 중부 경제를 이끌고 있는 토요타지만, 한국전쟁이 없었다면 지금의 토요타도, 일본 자동차 산업도 없었을 것이다.

나고야는 '세이로 무시'라는 장어구이가 유명하다. 민물과 썰물이 만나는 곳에서 장어가 잘 자라는데, 장어에는 먹장어, 붕장어, 갯장어가 있다. 그중 아나고는 붕장어다. 우리나라에서는 먹장어를 많이 먹는데, 이것이 바로 꼼장어다.

나고야의 장어구이는 세 단계로 나누어 먹는 것이 특징이다. 처음에는 양념을 얹어 먹고, 두 번째는 장어 본연의 맛을 살려 그대로 먹는다. 마지막에는 오차즈케처럼 국물을 부어 밥과 함께 말아 먹는다. 대부분의 장어덮밥이 밥과 스프를 곁들여 단순하게 먹는 것과 달리, 나고야의 장어덮밥은 세 가지 방식으로 즐길 수 있다. 여러 번에 걸쳐 먹으면 다양한 맛을 느낄 수 있고, 또 자신의 취향에 맞는 방식을 선택할 수 있다는 즐거움도 있다. 나고야 관광을 하면 저녁 식사로 장어덮밥을 맛보는 경우가 많은데, 가격이 만만치 않아 쉽게 먹을 수 있는 음식은 아니다. 그러나 특별한 장어덮밥만큼은 단연 나고야가 최고라 할 만하다.

[출처 : 저자 제공]

나고야에는 힐튼 호텔이 있는데, 투어의 마지막 날 묵는 경우가 있다. 아침 조식을 먹고 나오는 길에 직원이 말을 걸어왔다. 지금 나고야에 한류의 바람이 불어 난리라면서, 한국인들의 옷 입는 센스와 액세서리, 화장이 세련되고 화사하다며 눈을 반짝이며 이야기했다.

나고야의 오스관논이라는 장사와 번영의 신사 뒤에는 번화가에 해당하는 아케이드 쇼핑가가 이어져 있다. 그곳에서는 한국 음식인 팝콘 닭강정이나 10원 빵, 공차 등이 유행 중이라며, 한국인들을 볼 수 있어 즐겁다고 했다. 일본에 한류가 들어온 지 오래인데도, 나고야는 확실히 유행이 느리구나 하는 것을 실감했다. 중간 산맥 지대에 위치해 문화 전파가 더딘 탓일 것이다.

그리고 나고야는 일본 내에서도 미인이 적고, 옷을 촌스럽게 입는 곳으로 유명하다. 도쿠가와가 미녀들을 모두 에도로 데려갔다는 말이 나올 정도다. 아마 근대화의 물결 속에서 방직 부품이나 브라더 미싱 등 제조업에 종사하는 사람들이 많다 보니, 자신을 꾸미는 데 소홀해졌던 게 아닐까 싶다. 그래서인지 일본 제3의 도시임에도 도시 전체가 다소 소박한 느낌을 준다.

이런 이유로 토요타는 나고야의 이미지를 드높이기 위해 랜드마크 타워를 건설하게 되었다. 일본 내에서 한 기업이 시를 위해 경관을 조성한 것은 매우 이례적인 일이다. 나고야 여행의 매력은 무엇보다 일본의 중앙 지역에 위치한 만큼 다채롭다는 것이다. 근대화의 상징인 제조와 공업의 중심지이자, 해변을 끼고 있어 다양한 먹거리가 풍부하다. 또한 권력의 중심지였기에 일본의 고급 문화가 깊이 남아 있다. 차로 조금만 근교로 나가면 역사의 이야기가 깃든 이누야마, 일본 3대 온천인 게로 온천, 작은 에도라 불리는 다카야마, 세계문화유산 시라카와고 합장촌까지 만날 수 있다.

바다와 산의 아름다움, 웅장한 산림, 맑고 깨끗한 공기와 온천은 큰 감동을 주고, 지친 몸과 마음을 충전할 수 있는 에너지를 아낌없이 선사한다. 그래서인지 나고야의 매력에 빠지는 사람들이 점점 늘고 있다. "어디를 가장 좋아하나요?"라는 질문에 "나고야"라고 답하는 이들도 종종 만날 수 있다. 공항에는 자유여행을 즐기는 젊은 여행객들이 넘쳐난다. 드디어 청룡이 세상에 드러나는 시기가 도래한 것이다. 청룡이 승천하는 나고야의 미래는 앞으로 점점 더 밝아질 것이다.

어느 날 여행이 행복하다고 말했다, 나가노

어리석은 세상은 너를 몰라
누에 속에 감춰진 너를 못 봐
나는 알아, 내겐 보여
그토록 찬란한 너의 날개
겁내지 마, 할 수 있어
뜨겁게 꿈틀거리는
날개를 펴 날아올라 세상 위로
태양처럼 빛을 내는 그대여
이 세상이 거칠게 막아서도
빛나는 사람아, 나 너를 사랑해
널 세상이 볼 수 있게 날아 저 멀리

러브홀릭스, 〈Butterfly〉

러브홀릭스의 노래 〈Butterfly〉는 영화 〈국가대표〉의 OST다. 흰 눈으로 뒤덮인 나가노를 배경으로, 점프대에서 활강하는 모습은 마치 우주를 향해 쏘아 올린 로켓포 같았다. '단단단단' 반주가 울리며 "널 세상이 볼 수 있게 날아 저 멀리"라는 가사는 보는 사람에게 마치 저 하늘을 뚫어버릴 정도의 자신감과 용기를 준다.

애벌레가 딱딱한 껍질을 뚫고 나와, 드디어 아름다운 날개를 펴고 나비로 날아오르는 그 모습 자체가 인생의 여정일 것이다. 스키점프 불모지에서 4명의 청년이 어려움을 딛고 성장해 활강하듯 날아오르는 모습은 보는 이의 가슴을 뜨겁게 울렸다.

우리 안의 숨겨진 거인은 늘 시련이라는 이름으로 기지개를 켤 준비를 한다. 근육이 커지려면 먼저 상처를 내고, 회복의 시간을 가져야 하듯이, 모든 것을 훌훌 털어내고 다시 날아오르기 위해 우리는 종종 여행을 떠난다. 그럴 때는, 나가노의 가미코지를 찾아가 보는 건 어떨까?

나가노는 1998년 동계 올림픽이 열렸던 곳이다. 전 세계의 눈(雪)을 사랑하고, 눈 위에서 경기를 즐기는 이들이 가장 뜨거운 심장을 안고 몰려드는 곳이다. 산으로 둘러싸여 있어 스키를 즐기기에 최적의 조건을 갖추었고, 곳곳의 스키장뿐만 아니라 다테야마의 천연 온천까지 함께 누릴 수 있다.

나가노에는 하쿠바 지역이 있는데, 숙박을 위해 종종 찾는 곳이다. 병풍처럼 둘러쳐진 산 속에 호수를 끼고 촘촘히 들어선 집들은 마치 스위스를 연상시킨다. 단체여행객이 자주 묵는 하쿠바 그린프라자 호텔은 스키장 아래에 자리해 있고, 오르는 길에 알프스의 전경을 감상할 수 있다. 외관 또한 유럽 알프스를 떠올리게 한다. 방 안 화장실 수돗물은 북알프스 약수물이라 음용이 가능하고, 차갑고 시원한 맛이 일품이다.

호텔의 천연 온천은 피부 질환에도 효과가 있다. 어떤 손님은 일본 곳곳의 온천을 다녀본 끝에 이곳이 피부병에 가장 도움이 된다며 개인적으로 오는 방법을 묻기도 했다. 다만 나가노는 아쉽게도 항공편이 마땅치 않아 단체여행이 아니면 개인적으로 접근하기 다소 불편하다. 우리는 주로 알펜루트 관광을 위해 나가노를 경유하는데, 이 때문에 나가노 자체를 깊이 둘러보기는 쉽지 않다.

산 위에서 미끄러지듯 내려오면, 산자락에는 올림픽을 상징하는 오륜 마크가 붙은 펜션풍 호텔들이 즐비하다. 안으로 들어서면 벽난로와 스키 장비가 있어 마치 올림픽 선수촌에 들어온 듯한 설렘을 준다. 일본이지만 유럽 같은 정취가 있고, 산악 시골이라 여겼던 나가노가 사실은 국제 대회를 치른 자부심과 위상을 품은 도시라는 사실도 느낄 수 있다.

나가노는 어느 한 곳 아름답지 않은 곳이 없지만, 그중 가장 깨끗하고 아름다운 경치를 꼽으라면 나는 주저 없이 가미코지를 이야기할 것이다. 맑고 투명하기 이를 데 없는 가미코지의 갓파바시를 건널 때면 동화 속 요정의 세계에 들어온 듯한 착각이 든다. 신비롭고 영롱한 요정들이 숲속 어딘가에서 숨어 인간을 지켜보고 있을 것만 같다.

[출처 : 저자 제공]

Chapter 1 | 중부, 진짜 여행이라는 느낌을 주는 일본의 알프스

가미코지는 중부 산악 국립공원의 일부로 지정되어 있으며, 해발 1,500m가 넘는 고지대에 자리한다. 둘러싼 산들은 해발 3,000m가 넘는 웅장한 봉우리들이다. '가미코지(上高地)'라는 이름은 '위에 있는 땅'이라는 뜻을 가지지만, 동시에 '신이 머무는 성스러운 높은 지역'이라는 의미도 담고 있다.

저 멀리 호타카다케산(穗高岳)이 병풍처럼 서 있고, 아즈사강(梓川)의 투명하고 영롱한 물빛은 나가노의 매력을 한껏 뽐낸다. '이게 자연의 풍경이 주는 감동이야', '이게 나가노야' 하며 목소리를 내지는 않지만 그렇게 속삭이는 듯하다.

일본의 4대 요괴로는 요코, 오니, 덴구, 갓파가 있다. 갓파는 쉽게 말해 물귀신이다. 강이나 하천에 산다고 전해지며, 일본이 물이 많은 나라라 그런지 특히 온천 지역에서 갓파 동상을 자주 마주친다. 갓파는 키가 1m 남짓에 코와 입이 붙어 있고, 손은 자유자재로 늘었다 줄었다 한다. 머리 위에는 오목하게 파인 쟁반 모양의 그릇이 있어, 그 안에 물이 담겨 있어야 힘을 유지할 수 있다. 물이 마르거나 쏟아지면 힘을 잃는다.

호박을 좋아해 예전에는 사람이 물에 빠져 죽으면 갓파를 달래기 위해 호박을 던져주기도 했다. 그래서 물놀이를 할 때는 호박을 먹지 않는 풍습도 있었다. 갓파는 사람을 좋아하고 특히 스모를 즐긴다고 한다. 전설에 따르면, 갓파를 이기려면 머리를 숙여 머리 위의 물을 쏟게 하면 된다고 한다. 또 철로 만든 물건이나 사슴의 뿔을 싫어해, 갓파 전설이 있는 온천지에는 '녹각(사슴뿔)'의 이름을 딴 온천장이 많다. 물론 요괴라고 해서 모두 무서운 것은 아니다. 착한 갓파는 물고기를 잡아주거나 영단묘약이라는 신비한 약 제조법을 인간에게 가르쳐주기도 했다.

가미코지를 찾는 관광객들에게 가장 인기 있는 일정은 트래킹 코스 중 갓파바시를 건너는 것이다. 옛날에 갓파가 살았다는 깊은 연못이 있었다는 전설이 전해지고, 또 머리에 짐을 이고 다리를 건너는 사람들의 모습이 갓파와 닮아 '갓파바시'라는 이름이 붙었다고 한다. 갓파바시를 건너면서 보이는 풍경은 일본 최고의 절경이라 해도 과언이 아니다.

북알프스 최고봉인 3,190m의 오쿠호타카다케를 비롯해 3,000m급 봉우리들이 둘러싼 모습은 마치 신들의 보호를 받고 있는 듯하다. 웅장한 자연의 아름다움에 말을 잃고, 자연 앞의 인간은 얼마나 작은지 한없이 겸허해진다.

가미코지 주변에는 꽃과 야생화, 곤충들이 생명력을 뿜어내고 있다. 길을 걷다 보면 이끼로 덮인 오래된 고목들, 청량한 공기, 상쾌한 풀내음으로 온몸과 마음이 정화되고 치유되는 듯하다.

일본 알프스와 가미코지를 세상에 널리 알린 데에는 영국 선교사의 힘이 컸다고 한다. 월터 웨스턴웨스턴(Walter Weston)이 바로 그 주인공이다. 그는 1890년 가미코지를 방문해서 여러 산을 올랐고, 그 경험을 책으로 소개했다. 가미코지의 아름다운 경치와 등산의 즐거움을 일본인들에게 처음 소개한 인물이라고 칭송받는다. 지금도 그를 기리는 축제가 있을 정도니 참으로 고마운 사람임에 틀림없다. 그 덕분에 자연으로만 존재할 뻔했던 가미코지를 오늘날 우리가 이렇게 방문할 수 있게 된 것이 아니겠는가.

우리는 살아가기 위해 노력으로 얻어야 하는 것들이 많다. 돈을 벌어야 하고, 살 집도 필요하며, 음식을 먹어야 한다. 종족 보존을 위해 결혼도 하고, 가정을 이루기 위해 직업도 가져야 한다. 그래서 우리는 늘 지금보다 더 나아져야 한다는 강박 속에 살아가는지도 모른다. 하지만 계속 더 나아지려고 할수록 마음속에는 결핍과 공허함이 자리하고 만다.

인생에서 거저 주어지는 것은 없다고들 하지만, 나는 그것이 잘못된 관념이라고 생각한다. 인생에는 공짜로 얻을 수 있는 것들이 너무나 많다. 대자연의 무한한 생명력은 인간을 품어 먹이고, 살아가게 하며, 끊임없는 에너지로 우리를 길러낸다. 산을 걷고 오르는 과정에서 우리의 하단전은 단단해지고 정신은 또렷해진다. 내려오는 길에서는 스스로의 문제에 대한 해답을 얻기도 한다.

여행을 떠날 수 있는 건강한 육체만 있다면 아름다운 자연은 우리가 마음껏 누릴 수 있는, 신이 내려준 무상의 사랑이다. 우리는 이미 충분하다는 것을 안다. 여행을 떠날 수 있다는 것만으로도 우리는 이미 행복한 사람이다.

고인 물은 썩는다. 정체된 것은 반드시 탈이 나기 마련이다. 그래서 우리는 이동한다. 두 다리로 걷고 또 걷는다. 때로는 버스로, 비행기로, 배로 이동한다. 한순간도 머무르지 않고 끊임없이 흐르고 비워내며 생각한다. 그렇게 걷고 떠돌다 보면, 문득 깨닫게 된다. 이미 완전한 행복이 내 안에 자리하고 있음을 말이다.

괜찮아, 여행도 삶이고 일상이다

《알프스 지역의 전설과 요들송》이라는 책의 첫머리에는 "알프스 지역이 각각의 고유성을 지니고 있듯이 지역별로 전설 또한 다양하다. 그 대부분은 대자연의 신비함과 웅장함, 그 앞에서 갖게 되는 인간의 겸허함과 정의로운 인간의 승리를 담고 있다"라고 쓰여 있다. "삶 속에 죽음이 함께 있다"라는 말은 웅대한 자연 속에서 살아가는 인간의 삶을 그대로 드러내는 말이리라.

에델바이스는 본래 천사였다. 산 정상의 얼음집에 살던 소녀 에델바이스는 혼자였지만 씩씩하게 얼음을 놀이터 삼아 즐겁게 보내고 있었다. 그러던 어느 날, 큰 배낭을 멘 등산가가 소녀와 마주치게 된다. 건장한 남자도 오르기 힘든 이 험준한 산 위에 어린 소녀가 홀로 살아가고 있는 모습을 보고 등산가는 크게 놀랄 수밖에 없었다. 그는 마을로 내려가 이 신비로운 이야기를 전했고, 많은 사람들이 그 소녀를 보기 위해 알프스 산꼭대기를 향하게 되었다.

하지만 빙벽과 눈보라, 거친 날씨 속에서 수많은 사람들이 목숨을 잃게 된다. 본래 천성이 아름다운 천사였던 소녀는 신에게 간절히 기도했고, 신은 잊고 있던 천사를 다시 천상으로 불러올린다. 그렇게 소녀가 사라진 자리에 하얀 꽃이 피어났으니, 사람들은 그 꽃을 '에델바이스'라 불렀다. 에델바이스는 알프스의 산꼭대기에 피어 있는 흰색의 소박한 꽃이다.

사랑하는 자식의 머리 위에 조그만 사과를 올려놓고 활을 쏘아야 하는 벌을 받았던 빌헬름 텔(Wilhelm Tell)은 폭군 게슬러(Hermann Gessler)의 횡포에 저항하며 자유와 평화를 위해 투쟁했다. 알프스 산의 정기가 자유와 정의를 위한 저항정신을 북돋워준 것이다. 그래서 스위스의 중세기 전설로 사랑받는 빌헬름 텔의 전설은 스위스인들의 자부심이다. 산의 정기를 받아서인지 참으로 용감하지 않은가! 그래서 스위스의 용병을 세계 최고라고 하나 보다. 알프스에 관련한 이야기는 어느 것 하나 아름답고 멋지지 않은 것이 없다. 하지만 여기에는 아이러니가 있다. 알프스 여행의 가장 많은 변수는 바로 인간적인 트러블이라는 것이다.

사랑하는 사람과 함께 낯선 곳을 여행하는 것은 인생의 큰 즐거움가운데 하나일 것이다. 낯설고 아름다운 알프스의 풍경을 바라보며 소중한 사람과 길을 함께한다면 더욱 돈독한 관계가 될 것만 같다. 하지만 의외로 여행을 하다 보면 많이 싸우게 된다. 그래서 나는 첫날 손님들에게 늘 이렇게 말하곤 한다.

"잘 자고, 잘 먹고, 싸우지만 않아도 성공한 여행입니다."

그렇다면 알프스 여행의 가장 힘든 점은 무엇일까? 아마도 먹는 게 아닐까 싶다. 높은 산악지대를 다니는 만큼 메뉴는 한정되어 있고 비슷한 메뉴 또한 많다. 자유여행을 왔다면 '무엇을 먹을 것인지'가 여행의 주요 테마가 될 수도 있다. 혼자 여행을 왔다면 조금은 선택의 폭이 넓겠지만, 둘 이상이라면 메뉴만은 절대 양보하지 않을 가능성이 크다. 무엇을 먹을 것인지 정했다고 하더라도 식당을 찾고 줄을 서고 그러다 보면 이미 많은 시간을 낭비해버릴 가능성도 있다.

두 번째 난관은 화장실 문제다. 날 것을 간장에 찍어 먹는 식문화를 가진 일본에 단체 여행을 왔는데 누군가 배탈이 났다면 어찌할 것인가? 이동을 해야 하는데 자꾸만 차를 세워달라고 한다면 말이다. 필시 저녁에 그 주제로 싸움을 하게 될 수도 있다.

나고야를 통해 북알프스를 향해서 이동하다 보면 어쩔 수 없이 밥을 먹고 화장실을 가야 한다. 나는 개인적으로 나고야에서 북부를 향해서 이동하는 것을 좋아한다. 고속도로 자체가 산속의 계곡을 통과

하며 달리기 때문에 달리면서 바라보는 산의 절경도 좋을 뿐더러 공기도 깨끗하고 기운도 충만해지는 듯하다. 다만 아쉬운 점이 있다면 식사를 할 만한 장소가 마땅치 않다는 것이다. 중부 공항은 한산한 덕에 입국 절차도 오래 걸리지 않아, 막상 밥을 먹기에는 시간이 다소 이르다. 결국 중부 고속도로를 한참 달려 어느 마을에서 식사를 해야 하는데, 단체 관광객이 한꺼번에 들어가 밥을 먹을 만한 장소를 찾기가 쉽지 않다.

삶이 생명을 이어가야 존속되듯, 먹는 것은 그만큼 중요하다. '먹기 위해 사는가, 살기 위해 먹는가?'라는 다소 진부한 질문을 누구나 한 번쯤 들어봤을 것이다. 실제로 인생의 즐거움이 무엇인가를 묻는 설문조사에서 '먹는 즐거움'이 1위를 차지한 적도 있다. 맛있는 것을 먹으면 배가 부르고 입이 즐거워져 행복의 진동수가 올라가면서 행복감과 함께 편안함을 느낀다. 그러니 1~2시간을 줄 서는 고생을 감수하면서까지 맛집을 찾는 게 아니겠는가.

단체여행 또한 예외는 아니다. 그 지역의 특별하면서도 맛있는 것을 먹는 것이 여행의 욕구이자 즐거움일 테다. 하지만 일본 가게의 특성상 많은 인원이 한꺼번에 들어갈 수 있는 맛집은 많지 않다. 그렇기에 메뉴와 예산을 고려하면서도 많은 인원을 한꺼번에 소화할 수 있는 식당을 찾는 것이야말로 가이드의 역량이다. 경험과 숙련도를 가늠하는 기준 중 하나가 바로 '식당 수배 능력'인 셈이다.

그만큼 먹고 자는 문제는 여행에서 빼놓을 수 없다. 중앙 알프스인 알펜루트를 이동하는 상품들은 대체로 상품가격이 저렴하지 않고 온천을 끼고 있는 호텔인 관계로 대도시 도쿄나 오사카처럼 비즈니스 호텔을 쓰는 경우는 거의 없다. 산이 많고 물이 풍부한 지역인 만큼 좋은 온천 지대도 많고 호텔에서 뷔페식으로 식사가 제공되니 식사 역시 만족스럽다.

나고야를 통해서 들어오게 되면 마고메주쿠(馬籠宿)라는 역참마을에 도착해 식사를 하고 관광을 하게 된다. 마고메주쿠는 정류장이자, 숙박과 식사를 하는 여행객들의 쉼터 개념이다. 도쿠가와 시절, 도쿠가와 막부는 일본의 평화를 지키기 위해 참근교대제를 운영했는데, 이는 고려시대의 상수리 제도와 비슷하다. 각 지역 다이묘의 부인과 자식들을 도쿄에 인질로 잡아두고 일 년에 한 번씩 문안 인사를 오게 했던 것이다. 중앙 산악 지역에 해당하는 나고야와 나가노를 포함한 중부 지역은 전국 각지에서 도쿄를 향해 이동하는 행렬들이 반드시 통과해야 하는 지역이었을 테다. 그래서 많은 이동객들이 쉬어가는 거점마을들이 많이 있다. 그 마을들을 사람과 말이 쉬어가는 '역참마을'이라고 한다.

산속에 자리한 이 마을들은 낡고 빛바랜 느낌이 아니라 묵직하고 고풍스러운 멋을 간직하고 있다. 중부 지방의 매력은 무엇보다 변화가 더딘 데 있다. 덕분에 일본의 옛모습이 고스란히 남아 있고, 그 모습은 소박하면서도 품위 있다.

  웅대한 자연을 벗 삼아 걷다 보면, 산의 정기와 신성한 기운이 몸에 스며 자연히 기운이 충만해지는 경험을 하게 된다. 하지만 동시에 먹고, 자고, 배설하는 가장 기본적인 욕망 속에서만 살아갈 수밖에 없는 인간의 본모습도 깨닫게 된다. 여행을 한다는 것은 안주하지 않고 끊임없이 나아간다는 뜻이다. 나아간다는 것은 곧, 살아간다는 것이며, 결국 생존 자체가 곧 여행이고, 여행은 삶 그 자체임을 알게 된다. 그래서 여행을 하다 보면 인생은 단순하고 가볍게 사는 것이 진리라는 결론에 다다르게 된다.

  원대한 꿈, 욕망, 그리고 계획을 갈망하며 현재를 소비하는 대신, 지금 눈앞의 것을 즐기고, 몸과 마음을 가볍고 경쾌하게 한 걸음 내딛는 것. 이것이야말로 삶을 살아가는 지혜임을 깨닫게 된다. 그렇게 한 걸음, 한 걸음 나아가다 보면 어느덧 자연의 흐름이 우리를 더 큰 즐거움을 맛볼 수 있는 장소로 데려다 놓는다. 그래서 우리는 또 하루를 감사하며 살아간다.

  다만 한 가지 꼭 당부하고 싶은 것이 있다. 중부 산악지대에 올 때는 지사제인 '정로환'과 소화제 '오오타이산'을 반드시 챙겨야 한다. 일본이 러시아를 침공했을 때 가장 큰 문제가 병사들의 배탈이었다고 하지 않는가. 여행도 마찬가지다. 낭만적이지 않은 이야기처럼 들릴지 모르지만, 일본 여행에서 가장 중요한 것은 아프지 않고 다치지 않는 것이다. 병원에 가면 "식사 후 30분 뒤에 약을 드세요"라는 간단한 말만 들어도 5만 원이 넘는 의료 권고비를 내야 한다. 물론, 그런 일이 발생한다고 해도 괜찮다. 여행은 삶이고, 삶은 곧 일상이지 않겠는가.

다시 심장이 뜨거워져라

영화 〈겨울왕국〉의 엘사는 왜 모든 것을 차갑게 얼어붙게 하는 마법을 갖게 되었을까? 그녀가 자신의 힘을 두려워할수록, 오히려 그 힘은 커져갔다. 자신의 힘이 사랑하는 부모와 동생을 상처 줄 수 있다는 것은 분명 큰 두려움일 것이다. 그래서 그녀는 누구와도 접촉하지 않고 폐쇄되고 외로운 은둔의 삶을 선택한다.

그러나 결국 더 이상 숨을 곳이 없을 때, 모든 것을 내려놓고 자신만의 세상을 만들어버린다. 엘사가 '렛 잇 고(Let it go)'를 외치며 두려움을 떨쳐내고, 자신의 운명을 받아들이며 거침없이 걸어나갈 때, 사람들은 카타르시스를 느꼈으리라. 한겨울 눈보라 치는 산속에서 홀로 당당히 걸어가는 그녀를 보며, 아이러니하게도 우리의 심장은 뜨겁게 뛰었다. 심장은 상황이 아니라 상태에 반응하는 것일지도 모른다.

길을 걷다가 우연히 마주친 사람과 눈이 마주쳤을 때, 심장이 멎을 듯한 느낌을 받은 적이 있는가? 드라마든 오래된 고전 영화에서든 남녀가 한눈에 사랑에 빠지는 순간은 늘 심장의 찌릿함과 두근거림으로 묘사된다. 그럴 때 우리는 이렇게 생각하곤 한다. '아, 운명적인 사랑이구나' 하면서 흥분되는 감정을 주체하지 못한다. 이런 운명적인 느낌을 당신은 느껴본 적이 있는가?

전 국민이 다 아는 국민 격언이 있다. "여행은 다리가 떨리기 전에, 심장이 떨릴 때 떠나라"라는 말이다. 나이가 들고 체력이 떨어지고 어떤 일에도 흥미가 없고 의욕이 없는 상태를 흔히 늙었다고 말한다. 그러나 그것은 단순히 나이의 문제가 아니다. 정신의 상태일 수도 있다. 그래서 우리는 여행을 떠나는 것이리라. 심장이 얼어붙은 듯, 마음이 춥고 외로울 때, 무언가 텅 비어버린 듯 공허할 때. 열심히 살아온 대부분의 우리들은, 마음 한구석에 그런 쓸쓸함을 품고 있다.

우리나라는 서유럽이 300년에 걸쳐 이룩한 선진화를 불과 50년 만에 달성한 나라다. 6·25 전쟁 직후에는 필리핀 마닐라보다 못살았지만, 한강의 기적을 통해 이제는 세계 어디든 여행할 수 있을 만큼 풍요로운 나라가 되었다. 편의시설 또한 세계 최고 수준의 빠르고 간편한 시스템을 자랑한다. 우리나라만큼 잘 먹고 잘 사는 나라도 드물다. 그런데도 왜 사람들의 마음은 이렇게 공허할까? 마음속에는 화가 쌓여 있고, 만족스럽지 않다. '빨리빨리'를 외치며 성실히 살아왔건만, 정작 내면은 외로움으로 가득하다.

사촌이 땅을 사면 배가 아프다는 속담처럼, 누군가 나보다 앞서간다면 그것이 곧 나에게는 위협이 된다. 나에게 열등감을 심어주는 이는 물리쳐야 할 적처럼 느껴진다. 여행도 마찬가지다. 친구가 다녀왔다고 하면 나도 가야 할 것 같고, 나만 안 가면 뒤처지는 기분이 든다. 그 열등감을 견디지 못해 떠나는 경우도 있다. 하지만 남들이 가보지 않은 여행지를 다녀왔다고 우월감을 느낀다면, 그것이 진정한 행복일까? 여행은 자본, 용기, 실행력이 없다면 쉽게 떠날 수 없다. 그렇다면 여행은 나의 생명력을 느낄 수 있는, 젊음을 상징하는 것일까?

나는 손님들에게 첫날 일본 여행을 가장 행복하게 하는 방법을 이야기하며, '자신의 나이는 자신이 정한다'라고 말씀드린다. 나는 내 나이를 27살로 정했다. 20살은 너무 철이 없고, 30살은 무언가가 책임을 져야 할 것 같아서 27이라는 나이가 좋다. 뇌는 주인이 하는 이야기를 듣고 있다.

흔히 자신의 나이 듦이 서러워 자주 "이제 나이가 드니 하루하루가 달라. 예전 같지 않아"라고 자조하게 되는데, 뇌는 그 말을 듣고 있다. 그리고 "예, 주인님의 명령에 따르겠습니다" 하고 그대로 받아들인다. 그래서 나는 손님들에게 말한다. "자신의 나이는 자신이 정하세요. 저는 27살이에요." 그러면 모두의 얼굴이 갑자기 어린아이처럼 밝아진다. 숫자로는 70살일지라도 마음은 여전히 그대로다. 영혼은 늙지 않는다. 단지 우리가 탄 육체라는 차가 시간의 흐름에 따라 낡아갈 뿐이다. 하지만 낡은 차를 바꿔 탈 수도 있듯, 본래의 '참된 나'는 변하지 않는다.

인생을 살아가다 보면 누구나 한 번쯤은 인생의 한 막이 닫히는 느낌을 받을 때가 있다. 인간관계도, 사회적 지위도 바닥을 치고 사랑하는 사람이 갑자기 죽음을 맞이하기도 한다. 이런 경우, 명리학에서는 '대운이 오기 전 징조'라고 이야기한다. 인생을 살다 보면 기쁜 일, 슬픈 일이 있기 마련이고, 좋은 일, 나쁜 일이 세트로 오기도 한다. 이런저런 일들을 너무 무겁게 심각하게 생각하지 않고 흘려보내다 보면 조금씩 성장해 있는 나를 발견하기도 한다. 그래서 그 일이 나에게는 득이 되었다고 말한다. 인생에는 진정한 곤란이란 없다.

나는 손님들에게 우스갯소리로 '여행을 왔으니, 속옷을 버리고 가시라'고 말씀드린다. 내 몸에 가장 가깝게 붙어 있고 나의 기억세포까지도 저장해버릴 만한 속옷을 버리면서 내 안의 부정적 기억도 어느 정도는 버릴 수 있다는 것이다. 우리의 묵은 기억을 벗어내고 새로운 추억으로 바꾸는 것, 어쩌면 그것이 여행의 가장 중요한 목적일지도 모른다.

그런 의미에서, 알펜루트 여행이 도움이 될 수 있을 것이다.

3,000m가 넘는 대자연 속에서 자연의 진동과 나를 일치시키며 충전할 수 있기 때문이다. 그리고 중부산맥에서 흘러내리는 맑은 물과 용천하는 온천에 몸을 담그며 내 몸의 세포에 좋은 미네랄을 채운다. 자연 속에서 잘 쉬고 잘 먹고 재충전을 한다면, 지쳐버린 내 몸에 좋은 기운을 채워 넣을 수 있을 것이다.

나는 개인적으로 첫날 지친 듯이 보였던 손님들의 얼굴이 귀국하는 날 밝게 빛나고, 기운이 넘쳐 보이는 것을 볼 때 보람을 느낀다. 여성 손님들은 화장이 잘 받아 윤기가 나고 빛이 난다. 이것이 여행이 주는 즐거움이 아닐까? 일상에 지쳐 잊혀버린 듯 잠자고 있던 '참된 나'가 눈을 뜬다. 그 '참된 나'는 모험을 즐기고 도전을 좋아하는 용감한 자다. 시련을 기회로 삼아 성장하고자 리스크를 감수한다. 하지만 우리는 어느 순간, '상식'이라고 불리는 거대한 집단의식이 자기 생각인 양 의존하고 무의식적으로 지배당하며 노예의 삶을 살아가고 만다.

심장이 다시 뛰게 하려면 어떻게 해야 할까? 잘 놀아야 한다. 인생은 거대한 게임이다. 모든 것들이 놀이다. 인생도, 인간관계도, 돈을 버는 것도 결국은 어떻게 즐겁고 편한 길을 가느냐에 대한 게임이다. 가볍고 경쾌하게 게임을 즐기면 된다.

일상에 치여 잊고 있었던 이 아름다운 지구별은 여행을 나오면 다시 보인다. 들판에 피어 있는 풀꽃, 비가 오면 빗방울을 머금고 우아한 자태를 드러내는 수국, 저 멀리 펼쳐지는 푸른 하늘과 뭉게구름이 얼마나 아름다운지 인식하게 된다.

심장을 다시 뜨겁게 하려면 사랑에 빠져야 한다. 그러나 타인을 사랑하는 것은 자신과 사랑에 빠진 다음의 일이다. 스스로가 자신의 가장 강력한 응원단장이 되어야 한다. 매일 이 지구별에서의 삶을 용감하게 살아내고 있는 자신을 미워하지 말고, 가장 뜨겁게 사랑해야 한다. 본인의 외모, 성격, 장단점 모두를 사랑해야 한다. 자신을 키워주는 이는 바로 자기 자신이다. 무조건적인 사랑을 주는 뜨거운 모성애를 가진 자신의 엄마가 되었을 때, 비로소 타인의 엄마가 되어줄 수 있다. 그때 우리는 이 우주를 품을 정도의 '우주 엄마'가 된다.

여행을 떠나오면 우리가 이미 꽃이 있고 노래가 있는 아름다운 천국에 살고 있음을 알게 된다. 지옥이라고 생각했던 현실이 실은 내가 지어낸 인식의 한계였다. 그것을 인식하지 못한 건 내가 닫아버리고 차갑게 만들어버린 나의 심장이다.

결국 어떤 일이 일어나더라도 좋은 일이다. 곤란한 일은 일어나지 않는다. 세상은 점점 좋아지고 있다. 이겨내지 못할 일은 없다. 그러니 언제나 심장을 열고 이해와 사랑으로 따뜻함을 유지한다. 그리고 기억해낼 것이다. 우리의 진정한 모습은 신성함이고 사랑이고 빛임을 말이다. 그 상태일 때 우리는 가장 행복하고 즐겁다. 그것이 본래의 존재 상태이기 때문이다.

그래서 여행을 오면 지금 이 순간을 살게 된다. 한정된 기간 동안 낯선 곳에 존재하며 오롯이 지금 이 순간을 느끼고 행복해하는 자신을 마주하기 때문이다.

다시, 심장을 뜨겁게 하라. 그리고 그 심장을 가지고 매일을 설레는 마음으로 살아가자.

山陰 산인 지방

돗토리현
시마네현

中国地方

Chapter 2

산인,
전 세계가 극찬한
살아 있는 액자 정원

미식과 온천과 예술의 도시, 요나고

일본의 소도시 여행은 평화롭고 조용하다. 마치 우리만 이 지역을 통째로 전세 내어 다니는 듯한 착각을 준다. 길거리도 조용하고, 관광지에 도착해도 전 세계인들로 북적이지 않는다. 현지인들이 삼삼오오 산책하고 있을 뿐, 어디를 가도 줄을 서기보다는 한적하고 여유롭다. 이것이 소도시 여행의 매력일 것이다.

일본에서 가장 작은 현이지만, 평화롭고 여유로운 생활 환경 덕분에 은퇴자들이 가장 선호하는 지역을 꼽으라면 바로 돗토리현의 요나고시(米子市)이다. 지금 전 총리인 이시바 시게루(石破茂)의 고향이기도 하다. 가장 적은 수의 시(市)를 가진 돗토리에서 일본의 총리를 배출한 것이다. 이시바 시게루는 일본 내에서도 비둘기파로 유명하다. 전쟁에 대해서는 한국에 사과해야 한다는 입장이고, 야스쿠니 신사 참배도 하지 않았다.

　일본 사람들이 가장 싫어하는 집단을 꼽으라면 정치인일 것이다. 일본의 지역구는 세습이 가능해 아버지가 지역구를 잡고 있다면 그 자식도 지역구를 물려받기 쉽다. 고인물은 썩기 마련이듯, 그래서 일본 정치인들은 일본인들의 외면을 받는다. 선거 투표율이 50%를 넘기기도 어렵다. 한국의 대통령 선거 투표율이 80%에 육박하는 것을 보고 일본인들이 놀라는 이유이기도 하다. 우리나라는 선거를 할 때 기호 1번, 2번, 3번, 4번 중 번호에 도장을 찍지만 일본은 지지 후보의 이름을 풀네임으로 정확히 적어야 한다. 한 글자, 한 획이라도 오타가 있으면 무효표가 된다.

　그래서 일본을 다니다 보면 시골의 논길, 밭길에 정치인의 얼굴과 이름이 적힌 패널이 뜬금없이 서 있는 것을 보게 된다. 이는 정치인들이 이름을 알리기 위한 광고판이다. 새로운 인물이 당선되는 것이 얼마나 어려운지를 알 수 있는 부분이다. 이를 통해 일본의 개혁과 혁신이 얼마나 더딜 수밖에 없는지 미루어 짐작할 수 있다.

　돗토리현은 돗토리시, 요나고시, 구라요시시, 사카이미나토시로 이루어져 있으며, 인구는 55만 명으로 일본에서 가장 적다. 돗토리현은 동해 연안에 인접해 있고, 바로 옆에는 독도를 자기 땅이라 심하게 주장하는 시마네현이 있다. 스타벅스가 가장 늦게 들어온 곳이기도 하다.

그만큼 변화에 느리고 보수적인 지형적 조건과 분위기를 가지고 있다.

요나고 공항에 도착하면 로비 안내 데스크에서 한국인 직원이 반겨준다. 나는 코로나 이후 다시 그녀를 보았는데, 10년 넘게 변함없이 웃는 얼굴로 맞이해주었다. 돗토리현의 명과인 토끼 과자를 손님 수만큼 선물로 챙겨주기도 한다. 일본 내의 공항 로비 안내 데스크에서 한국인이 반겨주며 과자를 선물로 주는 곳은 요나고 공항이 유일하다. 요나고시의 공무원인 그녀는 우리가 여행을 마치고 한국으로 돌아올 때도 변함없이 웃는 얼굴로 마중해준다. 워낙 작고 조용한 요나고이다 보니 한국 관광객이 방문해주는 게 고마울 따름일까? 그 소박하고 따뜻한 마음이 요나고를 더욱 그리워지게 만든다.

요나고는 먹고살 거리가 많지 않다. 일본 내 산인 지역으로, 동쪽이나 서쪽으로 넘어가기도 어렵고 중부 알프스 쪽도 막혀 있다. 동해에 인접한 지역인 만큼 크게 성장하기 어렵고, 큰 공장이나 기업이 진출하기도 힘들다. 인구도 적고 교통도 불편한 요나고를 누가 그리 눈여겨보겠는가? 그래서 요나고의 탈출구는 관광일지도 모른다. 예전에는 에어서울만 취항했는데, 워낙 작은 공항이다 보니 직원들의 얼굴도 다 알고, 그들은 항상 같은 자리에 있다. 그들과 깊은 이야기를 나누지는 못해도, 오랜만에 다시 만나면 반갑기 그지없다.

드라마 〈아이리스〉의 스핀오프 드라마인 〈아테나 : 전쟁의 여신〉

에는 요나고의 다이센산을 배경으로 400품종, 200만 송이 꽃을 볼 수 있는 일본 최대의 꽃 테마파크가 나온다. 정우성과 수애가 출연했던 〈아테나 : 전쟁의 여신〉은 〈아이리스〉의 인기몰이에 힘입어 대박이 난 아키타를 모델 삼아 촬영한 돗토리시의 야심 프로젝트였다. 그러나 〈아이리스〉만큼 큰 흥행을 거두지는 못했다. 하지만 그렇기에 오히려 한적하고 조용한 맛을 잃지 않고 유지하는 것 아닐까? 우리는 이것을 흔히 숙명이라 이야기한다.

다이센은 '요나고의 후지산'이라 불릴 만큼 생김새가 후지산을 닮았다. 그 자태는 신비로운 기운을 뿜어내며 요나고 여행 내내 우리를 지켜주는 듯한 배경이 된다. 특히 동해와 인접한 해안가에는 온천가가 형성되어 있는데, 이름도 멋진 '카이케 온천지'다. 우리가 단체여행을 가면 자주 숙박하는 곳이기도 하다. '전부를 다 살린다'는 뜻을 가진 카이케 온천(皆生温泉)은 규모는 크지 않지만, 족욕을 하며 잔잔히 파도치는 동해를 바라볼 수 있다.

저 멀리 다이센이 보이고, 파도 소리마저 거칠지 않고 조용하다. 평온함 그 자체다. 그래서 '전부를 살린다'는 이름이 붙은 게 아닐까 싶다. 우리를 살리는 것은 바로 안심(安心)과 안신(安身), 즉 마음의 평온과 몸의 편안함이다. 휴식이 있어야 멀리 갈 수 있다. 빨리 달리다가 에너지가 방전되면 충전기의 수명이 짧아지듯, 우리의 몸도 마찬가지일 것이다. 건강한 육체에서 건강한 정신이 나오듯, 멀리 높게 날아오르기 위해서는 평온한 휴식이 꼭 필요하다.

바다가 가까우니 신선한 해산물도 풍부하다. 예전 요나고 여행은 '미식 여행'으로 홍보되었다. 좋은 여관에 숙박하며 잘 먹고 잘 자고 충분히 휴식하는 여행이었다. 전통 여관에서 제공되는 카이세키 요리는 뷔페가 아닌 일본식 정식 코스로, 다른 관광지보다 훨씬 다양한 가짓수를 자랑한다. 이것이야말로 소도시 여행의 매력 아닐까? 소도시의 경쟁력은 결국 먹거리에 있다. 잘 먹고 잘 쉰다는 장점이야말로 대도시 대신 소도시를 선택한 손님들에 대한 예의일 것이다.

일본의 코스요리는 물론이거니와 떡 샤브샤브, 야키니쿠까지, 먹고 자고 쉬는 것을 예술화시킨 도시가 바로 요나고다. 음식은 아름다운 도자기 그릇에 담겨 나와 '예술을 먹는 맛'을 선사하고, 자연까지도 예술로 승화시켰다. 꽃박람회를 걷는 것만으로도 예술이고, 자연스럽게 형성된 사막을 걷는 것 또한 한 폭의 그림이다.

이 우주를 탄생시킨 위대한 생명력은 그 자체로 우리의 마음을 두드리는 마스터피스다. 맛있는 먹거리는 우리의 입과 눈을 즐겁게 하고, 온천에 몸을 담그면 세포는 충전되고 묵은 기억은 흘러간다. 아름답고 평화로운 자연은 신의 미술관이다. 그저 존재만으로도 힐링되고 충전되는 곳, 미식과 온천과 예술의 도시 요나고로 지금 바로 떠나볼까?

요괴들의 성지,
미즈키 시게루 로드

우리의 어린 시절은 지금처럼 스마트폰이 없었다. 그래서 방과 후 친구들과 모여 귀신 이야기를 하는 것이 큰 즐거움이었다. 그중에서도 유독 화장실 귀신 이야기는 빠지지 않고 등장하는 단골 소재였다. 왜냐하면 그때만 해도 아이들에게 가장 무서운 일은 한밤중에 혼자 화장실을 가는 일이었기 때문이다. 실제로 예전에는 재래식 화장실이 많았고, 아이들이 볼일을 보다가 빠져 목숨을 잃는 일도 있었다. 냄새나고 어둡고 벌레까지 많은 화장실에서 혼자 볼일을 보는 건 큰 용기가 필요했다. 화장실에 빠졌다가 살아 돌아온 아이를 축하하며 부모가 마을에 떡을 돌리던 풍습도 있었다.

"빨간 휴지 줄까, 파란 휴지 줄까?" 화장실 귀신 이야기는 오싹하면서도 묘하게 빠져들게 했다. 한때 영화 〈여고괴담〉 시리즈가 돌풍을 일으키던 시절도 있었다. 떠나지 못하고 그 자리를 맴도는 귀신의 이야기는 슬프고도 무섭다. 친구들과 어울리고 싶었지만 소외된 영혼은 원귀가 되어 집착이 그 자리를 맴돌게 만든다. 교실 속에 항상 함께 있던 친구가 사실은 귀신이었다는 설정은 상상만 해도 오싹하다. 남편을 기다리다 지쳐 목이 늘어나는 부인 귀신 이야기 역시 전쟁터에서 남편을 잃고 홀로 남은 여인의 슬픔과 원망을 상징한다. 결국 슬픔과 한(恨)이 귀신이 되는 것이다.

그런데 일본은 왜 이렇게 귀신 이야기가 많은 것일까? 일본 출장을 가면 "어느 여관에선 귀신이 나온다더라" 하는 말이 종종 들린다. 귀신이 출몰한다는 호텔 리스트까지 있을 정도다. 그런 호텔에서는 불을 켜놓고 잠을 자거나 소금을 뿌려두기도 하고, 어떤 손님은 "기운이 강해서 잠을 잘 못 잤다"라고 말하기도 한다.

사람이라면 누구나 귀신과 가까이 지내고 싶지는 않을 것이다. 그런데 이런 음침하고 그늘진 존재들을 귀엽고 사랑스러운 인기 스타로 만든 이가 있다. 바로 미즈키 시게루(水木しげる)다. 그의 손에서 탄생한 요괴들은 각자의 개성을 드러내며 지역의 상징이 되었고, 관광 산업까지 이끌어내는 역할을 톡톡히 하고 있다. 듣기만 해도 가보고 싶지 않은가?

그곳이 바로 돗토리현 사카이미나토시(境港市)에 위치한 요괴들의 성지, 미즈키 시게루 로드다. 요나고 여행에서 미즈키 시게루 로드는 절대 빼놓을 수 없는 코스다. 여행의 첫 코스로 가도 좋고, 마지막 날 공항으로 향하기 전에 대미를 장식하는 코스로도 제격이다.

요나고 공항에서 천천히 빠져나와 20분 정도 이동하면 사카이미나토시에 도착한다. 공항을 빠져나오는 길은 일본 소도시 특유의 잔잔함을 가득 느낄 수 있다. 거리를 지나는 사람도 많지 않고, 그야말로 조용한 시골이다. 시골 마을이지만 거리는 쓰레기 하나 없이 깨끗하고, 지나는 차들마저 먼지 하나 없이 반짝인다. 집마다 현관은 가지런히 정돈되어 있어 너저분한 느낌이 전혀 없다.

바다가 보이기 시작하고 해안가를 따라 이동하면 조용한 시골 항구 마을의 작은 배들이 정박해 있다. 주차장에 내린 손님들이 하나같이 감탄하며 "항구 도시인데 냄새가 없네요"라고 말했다. 부산의 자갈치시장이나 목포항, 인천항에서 떠오르는 생선 비린내가 전혀 나지 않는다.

사카이미나토는 한때 산인 지방 최대의 수산 도시로, 홍게와 참다랑어 어획량이 일본 최고였던 곳이다. 하지만 지금은 깨끗하고 고요한 어촌의 모습을 지니고 있다. 그런데 이 평범한 항구 도시에서 우리를 가장 먼저 맞이하는 것은 뜻밖에도 거대한 눈알 요괴다. 외눈박이 요괴가 불쑥 튀어나와 있는데, 이상하게도 전혀 무섭지 않고, 오히려 귀엽고 사랑스럽게 느껴진다.

미즈키 시게루는 1922년에 태어났다. 아버지는 와세다 대학을 졸업한 엘리트였고, 집안 모두가 공부를 잘했지만 유독 시게루만은 달랐다. 그는 자신이 좋아하는 것에만 몰두했으며, 그 외에는 전혀 관심을 두지 않았다. 당연히 학교 성적은 엉망이었고, 특히 이과 과목은 바닥 수준이었다.

그가 관심 있는 것은 그림, 자연, 그리고 특이하게도 죽음이었다. 아마 귀신을 체험한 게 그 이유였지 않나 싶다. 그는 논노라는 할머니에게 귀신 이야기를 듣는 것을 특히 즐겼다는데, 시간이 나면 남의 장례식장과 무덤을 찾아다녔다고 한다. 그는 그 정도로 죽음에 관심이 많았다. 천재적인 감각을 지닌 오타쿠였던 미즈키 시게루였지만, 남들 눈에는 어찌 보면 사회 부적응자일 뿐이었다.

그 무렵 일본은 제2차 세계대전의 소용돌이 속에 있었다. 나라를 위해 천황을 위해 젊은 목숨들이 눈꽃처럼 사라지는 시대였다. 미즈키 시게루 또한 군대에 들어가게 되는데, 학교생활도 제대로 못 한 시게루가 엄한 규율로 돌아가는 군대생활을 잘 해낼 리 없었다. 무엇을 시켜도 제대로 해내지 못했던 그는 파푸아뉴기니로 내쫓기듯 발령을 받았고, 전쟁 중에 한쪽 팔을 잃게 된다. 하지만 파푸아뉴기니의 순수한 원주민들과의 생활에서 큰 치유와 영감을 얻었다. 그는 성공한 후 파푸아뉴기니를 다시 찾기도 했다.

항상 자신이 좋아하는 것에 몰두했던 시게루는 전 세계의 장례문화, 각국의 영혼, 혼백, 귀신의 이야기에까지 관심을 넓혔다. 그렇게 일본 각지의 요괴 설화와 세계의 귀신 이야기를 작품 속에 녹여낸 것이 바로 〈게게게 노 키타로(ゲゲゲの鬼太郞)〉다. 이 작품은 일본 3세대가 함께 공유하는 국민 만화가 되었고, 〈호빵맨(アンパンマン)〉〈도라에몽(ドラえもん)〉과 나란히 거론되는 공전의 히트작이다. 그는 93세로 세상을 떠나기 직전까지도 왕성한 활동을 이어갔으며, 무엇보다도 지역 발전을 위해 자신의 저작권을 무상으로 기증해 '미즈키 시게루 로드'가 조성될 수 있도록 했다.

한쪽 팔을 잃고, 정규 교육도 제대로 받지 못한 채 오직 자신의 힘으로 길을 걸어간 그의 강인함은 어디에서 비롯된 것일까? 사람들의 비난이나 칭찬에도 자신의 신념을 이루어나가는 이들은 존경스럽다. 그는 마치 부처의 말씀, "무소의 뿔처럼 혼자서 가라"는 가르침을 실천한 산 증인이었다.

우리나라에서는 그리 널리 알려지지 않았지만, 그는 일본 문화공훈상을 비롯해 세계 각국의 만화상을 휩쓴 인물이다. 〈철완 아톰〉의 데즈카 오사무(手塚治), 아카데미상 수상 감독 미야자키 하야오(宮崎駿)와 어깨를 나란히 하는 천재 만화가다.

그런 그의 고향이 바로 돗토리현 사카이미나토시다. 한때 연간 어획량이 50만 톤을 넘을 정도로 풍요로웠던 사카이미나토시는 식생활의 서구화와 더불어 수산업이 쇠퇴하면서 활력을 잃어갔다. 젊은 이들은 일자리를 찾아 대도시로 떠났고, 거리는 빈집과 헌집이 늘어갔다. 이런 상황에서 지역을 살리기 위한 해법으로, 사카이미나토시는 고향 출신의 세계적 만화가 미즈키 시게루를 내세워 '미즈키 시게루 로드'를 조성했다. 이는 일본 지자체들의 지역 재생 프로젝트 중 하나로, 유명 인물을 테마로 한 관광산업의 성공 사례다. 우리나라에서도 파주의 헤이리 마을이나 '쁘띠 프랑스'처럼 문화와 예술을 결합한 지역 프로젝트들이 이런 맥락에서 이해될 수 있다.

[출처 : 저자 제공]

미즈키 시게루 로드는 총 800m 길이로, 사카이미나토 역에서 시작한다. 〈게게게 노 키타로〉에서 가장 사랑받는 요괴인 키타로와 그의 아버지인 '눈깔 요괴'가 이 길의 주인공이다. 도로 양옆에는 무려 153개의 요괴 캐릭터가 자리잡고 있으며, 요괴 신사와 요괴 카페, 다양한 먹거리와 기념품 가게들이 개성 넘치게 들어서 있다. 가장 인상적인 것은 거리를 따라 늘어선 요괴 브론즈 상들이다. 총 177개의 브론즈 상이 있으며, 일정 기부금을 내면 그 받침대에 이름을 새겨주기도 했다. 거리를 조성하기 위해서는 적잖은 자금이 필요했을 텐데, 이 기부 제도가 큰 역할을 했음이 분명하다.

요괴들이지만 전혀 무섭거나 섬뜩하지 않고, 오히려 귀엽고 사랑스럽게 다가오는 이유는 무엇일까? 아마도 시게루 선생이 요괴 캐릭터 하나하나에 진심과 애정을 담았기 때문일 것이다. 그의 독특한 그림체와 매력적으로 묘사된 개성 있는 캐릭터들은 수십 년이 지난 지금도 여전히 사랑받고 있다. 미즈키 시게루 선생은 세상을 떠났지만, 그 이름은 영원히 남아 있다. 돗토리를 찾는 사람들이 반드시 이곳을 방문하는 이유도 바로 그 때문이다. 요괴들의 성지, '미즈키 시게루 로드'. 그곳에서 당신은 세상에서 가장 오싹하면서도 즐거운 경험을 맛보게 될 것이다.

전 세계가 극찬한 살아 있는 액자 정원, 아다치 미술관

아다치 젠코(足立全康)는 어린 시절 가난했다. 시마네현의 시골 마을에서 자란 그는 학교 성적도 그리 뛰어나지 못했다. 반 친구들은 가난하고 공부도 못하는 그를 바보 취급하곤 했다. 학창 시절, 짝사랑하던 여학생 앞에서 선생님에게 심한 꾸지람을 들은 기억은 어른이 되어서도 지워지지 않는 상처로 남았다. 하지만 사업으로 큰 부와 명예를 거머쥔 후, 방송에서 자신의 첫사랑을 찾는 모습을 보면 그의 낭만적이고 순수한 여린 감성을 엿볼 수 있다. 어쩌면 어린 시절의 결핍감이야말로 그를 큰 사업가로 성장시킨 원동력이 아니었을까.

산인 지역 여행에서 "여기 한 곳만 보고 가라"고 한다면, 단연 아다치 미술관이다. 미국 정원 전문지 〈가든〉에서 선정한 '일본 정원 1위'에 2003년부터 무려 23년 연속 선정되었기 때문이다. "10년이면

강산도 변한다"라는 말이 있는데, 20년 넘게 같은 영예를 이어온 비결은 무엇일까? 아다치 미술관은 1970년, 아다치 젠코가 71세의 나이에 설립한 미술관이다. 그는 가난한 소작농의 아들로 태어나 무일푼에서 시작해 부동산과 토지로 큰 부를 일구었다. 평생 동안 수집해온 미술품과 예술품을 전시하기 위해 세운 미술관에는 지금도 매년 전 세계에서 60만 명 이상이 찾는다.

작은 시골 마을에 세계적인 수준의 미술관이 있다는 것은 부럽지 않을 수 없다. 우리나라는 6·25 전쟁 이후 어떻게든 잘 먹고 잘사는 것에 집중해왔고, 미술이나 예술은 배가 부른 뒤에야 관심을 가질 수 있는 분야라고 여겨졌다. 반면 유럽을 여행하다 보면 그들의 미술품과 건축물에서 예술에 대한 자부심과 사랑을 깊이 느낄 수 있다. 그들이 여유롭게 커피를 마시는 모습조차 하나의 그림처럼 보일 때가 있어, 종종 남몰래 유럽인들을 부러워하곤 했다. 그런데 일본의 이 작은 지방 도시에 세계적인 수준의 미술관이 있다는 사실은 놀랍고도 인상적이다.

아다치 선생은 자신이 살았던 집터에 미술관을 지었는데, 얼마나 시골 마을이었는지, 미술관에 가는 길에는 높은 건물을 눈 씻고 찾아봐도 보이지 않는다. 좁은 1차선 도로 양옆으로 논밭이 펼쳐진, 정말 시골 마을 그 자체다. 그곳에 드넓은 주차장이 있고, 흰색으로 된 미술관이 자리 잡고 있다. 주차장의 규모는 내가 지금껏 가본 세계문화유산인 '청수사, 동대사, 오사카성'과 비교해도 훨씬 크다. 그만큼 많은 사람들이 찾는 곳일까 하는 생각과 함께, 아다치 선생의 부유함과 통 큰 기질도 느껴진다. 역시 사업하는 분들은 스케일이 다르구나 싶었다.

[출처 : 저자 제공]

입장권을 구입해 들어서는 순간, 그림 같은 정원이 눈앞에 펼쳐진다. 아다치 미술관의 백미는 바로 정원이다. '정원 또한 한 폭의 그림이다.' 이것이 아다치 젠코의 신념이었다. 정원을 걸어 다니며 산책하는 것이 아니라, 하나의 그림처럼 액자에 걸린 풍경으로 감상하는 것이다. 5만 평 부지에 조성된 정원은 '고산수 정원, 백사청송 정원, 이끼 정원, 연못 정원'으로 구성되어 있으며, 바라보는 위치에 따라 전혀 다른 느낌을 준다. 봄·여름·가을·겨울, 계절마다 또 다른 그림으로 펼쳐지고, 차경(借景) 기법을 도입해 자연 그대로의 풍경마저 정원의 일부로 삼았다. 창문은 액자의 프레임처럼 설계되어 있어, 정원을 살아 있는 그림처럼 감상할 수 있다. 여기에 아다치 미술관만의 독창성과 창조성이 담겨 있다.

정원은 계절 따라 각기 다른 아름다움을 지니고, 나무 한 그루, 돌, 이끼 하나까지도 섬세히 관리된 정성이 느껴진다. 미술관 안에는 카페가 두 곳 있는데, 한 곳은 백사청송 정원을, 또 한 곳은 연못 정원을 바라보며 커피를 즐길 수 있다. 커피 한 잔의 가격이 무려 만 원이지만, 이런 때 아니면 언제 돈을 써보겠는가. 따뜻한 커피를 손에 들고 정원을 바라보고 있노라면, '이게 바로 무릉도원이지'라는 생각이 절로 든다.

아다치 선생이 특히 사랑했던 작가는 요코야마 다이칸(橫山大觀)이다. 그는 근대 일본을 대표하는 화가로, 주로 후지산과 단풍을 소재로 한 작품을 많이 남겼다. 그의 그림은 인기가 높아 그림 한 점을 사기 위해서는 웃돈을 얹어야 할 정도였다. 그러나 전쟁 중 일본 정부는 다이칸의 작품을 팔아 전투기를 구입했고, 이를 안타깝게 여긴 아다치 선생은 거금을 들여 해외로 흩어진 다이칸의 작품을 다시 사들였다.

현재 아다치 미술관에는 요코야마 다이칸의 작품만 120점을 소장하고 있으며, 다케우치 세이호(竹內栖鳳), 하시모토 간세츠(橋本関雪), 가와이 교쿠도, 우에무라 쇼엔(上村松園) 등 약 2,000여 점의 작품을

[출처 : 저자 제공]

함께 전시하고 있다. 1층 정원을 감상한 뒤 2층에 오르면 다이칸의 작품을 만날 수 있으며, 일정한 기간마다 일부 작품이 교체 전시되는데 그의 후지산 작품은 압권이다.

아다치 선생은 생전에 "나의 인생은 그림과 여자와 정원이다"라는 말을 남겼다. 자신의 인생을 요약하며, 자신의 아름다움에 대한 미학을 언어적으로 표현할 때, '꿈과 로망을 추구해온 자신의 인생에 이보다 딱 맞는 말은 없을 것이다'라고 했다. 그는 또한, '무엇이든 잘하지 못했던 내가 사람들 평균만큼 해낼 수 있었던 것, 그리고 계속적으로 추구하며 누구보다 잘해낼 수 있었던 것 이 세 가지다'라고 그의 자서전에서 이야기하고 있다.

그는 늘 "꿈을 가슴에 품고만 있으면 바보가 된다"라는 말을 입버릇처럼 하며 스스로를 채찍질했다. 인간은 누구나 '이렇게 되고 싶다', '저렇게 살고 싶다' 하는 희망을 품는데, 그 희망이야말로 삶의 원동력이라고 믿었다. 현 상태에 안주하는 순간, 노화와 퇴보가 시작된다고도 말했다.

'자신 이외에는 모두가 배울 점이 있는 스승이고 선생이다'라는 말을 좋아했던 아다치 젠코는 '사회에 속해 있는 한 사람은 혼자서 살아갈 수 없다. 누구나 살아가다 보면 힘들고 좌절하는 시기가 오는데 그때 인간은 본 얼굴을 드러내게 된다'고 말했다. 그는 인생을 십이지지(十二地支) 동물에 비유하기도 했는데, 이제껏 멧돼지의 위풍당당함으로 전진했다면, 위기의 순간에는 쥐처럼 민첩하게 움직여야 하고, 중요한 순간에는 원숭이의 지혜를 발휘해야 하며, 종국에는 마차를 끄는 마부처럼 일사불란한 일체감을 보여야 한다고 했다. 그리고 '그것이 인생의 깊은 맛이다'라고 덧붙였다.

아다치 젠코는 자신이 칭찬받을 때 금세 들뜨는 성격이라 고백했다. 정원이 아름답다는 말을 들으면 더욱 공을 들이고, 다이칸의 그림을 칭송받으면 더 훌륭한 작품을 들여놓고 싶어졌다. 그런 마음이야말로 오늘날의 아다치 미술관을 만들어낸 힘이었다고 그는 겸손하게 썼다.

좋아하는 것을 끝까지 추구하며 행복을 나누고, 그 행복이 타인과 지역사회까지 퍼져나가게 하는 삶은 분명 축복받은 인생이다. 아다치 젠코의 일생 자체가 삶의 행복 비결이 무엇인지를 알려주는 산 증거다. '그의 열정이 우리를 이 시골까지 여행하게 한 원동력이 아닐까?'라는 생각이 들었다.

아다치 미술관은 아다치 선생이 한평생을 살아오면서 일궈놓은 모든 열정, 욕망, 인생이 녹아 있는 곳이다. 단순한 미술품을 구경하는 것이 아니라 자신의 집터에 자신의 한평생에 걸쳐 추구해온 모든 열매를 고스란히 사람들에게 펼쳐 보이는 감동적인 곳이다.

아다치 미술관이 잘되고 있는 것은 아다치 선생의 영혼이 아직도 그곳에 있어서일지 모른다. 그렇기에 우리는 단지 보는 것에만 집중하지 말고, '이 정원을 어떤 마음으로 가꾸었을까?', '이 그림을 구하기 위해 어떤 노력을 했을까?' 생각하며, 마치 아다치 선생과 함께 아름다움을 추구하는 마음으로 아다치 미술관을 둘러보았으면 좋겠다. 일본의 가장 시골에 가장 큰 아름다움이 배어 있으니 말이다.

대자연의 아름다운 선물, 돗토리 사구

일 년 내내 같은 풍경만 이어지는 사막에서 기독교는 탄생했다. 시간의 흐름을 가늠하기 어려운 사막에서, 그들의 유일한 천국은 아마 오아시스였을 것이다. 풀 한 포기 없는 사막에서는 계절의 순환을 느끼기 힘들다. 봄, 여름, 가을, 겨울이 지나고 다시 봄이 돌아오는 주기의 리듬을 알기 어렵다. 그래서 사람들은 '인간도 신에 의해 태어나 죽으면 끝이다'라는 인식을 품기 쉬웠을 것이다.

아름다운 꽃이 만발하고, 계곡마다 맑은 물이 흘러내리는 풍경은 생각만 해도 평온하고 행복하다. 반대로 물도 꽃도 없는 사막은 신의 분노이자 저주가 아니겠는가? 모든 생명을 말라붙게 할 만큼 강렬한 태양만 내리쬔다면, 우리 몸을 이루는 수분은 증발해버리고, 결국 우리는 지쳐 쓰러질 수밖에 없다.

[출처 : 저자 제공]

돗토리에는 동양에서 유일하게 볼 수 있는 최대 규모의 사막이 있다. 약 10만 년 전부터 존재해온 이 모래 언덕은, 중국 산맥의 화강암이 오랜 세월 바람에 침식되어 지요강을 따라 동해로 흘러간 뒤 파도에 밀려와 형성된 것이다. 미세한 모래 입자가 수천, 수만 년 동안 퇴적되어 지금의 사구가 되었다. 연간 180만 명 이상의 관광객이 찾는 이곳은 일본 3대 사구 중 하나이자 최대 규모를 자랑하며, 센다이 강 하구 동쪽에 펼쳐진 545ha 면적의 '하마사키 사구'라 불린다.

사구 남동쪽에는 마치 칼데라 호수 같은 '다네가이케 호수'가 자리한다. 상상조차 어려운 장구한 시간 동안 사구는 묵묵히 영역을 넓혀왔다. 동서 16km, 남북 2.4km에 달하는 거대한 규모로 성장한 것이다. 1995년 천연기념물로 지정되었고, 2007년에는 일본 지질 100선에 뽑혔으며, 산인 해안 국립공원의 특별 보호 구역으로도 지정되며 그 신비로움을 인정받았다.

이곳의 고운 모래 언덕은 중국에서 불어오는 거친 바람에 풍화된 입자로 이루어져 있다. 바람이 세차게 불면, 미세한 모래는 눈, 코, 입은 물론 옷과 신발 속까지 파고들어 잘 떨어지지 않는다. 그래서 돗토리 사구에 갈 때는 신발 커버와 이왕이면 방수가 되는 등산 패딩을 입어주는 것이 좋다. 비싼 모피코트를 입고 왔다면 아뿔싸! 모래 언덕에서 너구리를 발견하게 될 수도 있다. 웃기지만 슬픈 실제 손님의 이야기다.

모래 언덕은 마치 파도와 같이 일렁인다. 날씨가 화창하고 바람만 조금 잠잠해주면 좋겠다고 기도한다. 그리고 나의 소중한 신발은 잠시 옆에 벗어둔다. 우리는 맨발로 걸어보기를 시도한다. 일본은 정직한 나라인 만큼 신발을 가져갈 리 없다. 그리고 이미 푹푹 빠지는 사구에서 지친 사람들은 다른 이의 신발을 들고 갈 체력도 남아 있지 않을 것이다. 신발을 벗고 있는 모습을 발견한 일본인 관광객이 "신발 커버를 드릴까요?" 하고 물어본다. 참 따뜻한 마음이다. 하지만 신발 커버를 신고 걸으면 다리에 힘이 더 들어가게 된다. 그래서 우리는 발바닥으로 모래의 부드러움을 느끼며 천천히 걸어본다.

왜 이 사막에 낙타가 있는지 알 것만 같다. 다리가 가늘고 긴 낙타야말로 사막에 잘 적응된 동물이다. 슬프게도 우리의 다리는 짧고 굵다. 그리고 잘 정비된 길에 익숙해져 있는 우리에게 모래 언덕을 걷는 일은 그리 쉽지 않다. 푹푹 빠지는 발을 빼내며 천천히 전진한다. 사구는 내려갔다 다시 올라간다. 종아리에 알이 배기는 게 느껴지지만, 그래도 전진한다. 되돌아가는 것이 더 힘들기 때문이다.

등산으로 단련된 손님들은 "이까짓 것 아무것도 아니다"라며 의기양양하게 나아가지만, 언덕을 올라갈 때는 그 누구도 말하지 않는다. 말할 힘이 없기 때문이리라. 자연히 자연과 침묵으로 동화되는 것이다. 그러나 언덕 정상에 올라 부서지는 파도를 마주하면 뿌듯함이 밀려온다. 저 바다가 동해인가? 저 너머에 한국이 있는 건가? 어제 막 떠나온 한국인데, 순간 오래 이민이라도 온 듯 뭉클해진다. 왠지 친근하고 반갑다. 부드러운 모래 감촉을 발바닥으로 느끼며, 시원한 바닷바람에 송골송골 맺힌 땀을 식혀본다.

이렇게 한 번은 온몸으로 사구를 체험해야 한다. 눈으로만 보는 것은 어쩐지 아쉽다. 몸으로 느끼며 걸어야 비로소 제대로 여행한 기분이 든다. 하지만 모든 날이 걷기에 좋은 것은 아니다. 사구를 만든 주범이 바로 강한 바람이 아니던가. 그래서 입구에서부터 걷기를 포기해야 할 날도 많다. 눈조차 뜨기 힘들 만큼 비바람이 몰아칠 때도 있기 때문이다. 일본에서 운 좋은 사람을 '하레 온나(晴れ女, 맑은 여자), 하레 오토코(晴れ男, 맑은 남자)'라 부르는 것도 아마 이런 까닭일 것이다.

이 모래를 활용해 만들어진 모래 미술관이 있다. '눈으로 조각도 하는데 모래로 못할쏘냐?' 이런 정신이지 않겠는가. 먼 길을 달려 이 사구까지 왔는데, 아쉽게 자연이 허락하지 않는다면 그때는 인간의 힘으로 만든 미술관으로 오면 된다. 오직 모래로만 조각된 작품들을 보고 있노라면 흙으로 빚어진 조형물 도자기와는 또 다른 느낌이다.

순간 무너져 내릴 듯 아슬아슬한 모래로 웅대한 사찰이나 신들의 표정을 생생하게 새겨놓은 작품들을 마주하면, 인간이 못할 건 없다는 생각이 든다. '우리 안에는 무한한 잠재력이 있다'라는 믿음이 절로 피어나고, 동시에 '자연이 준 모든 것은 선물이다'라는 깨달음도 얻는다.

돗토리 사구가 만들어진 배경은 동해에서 불어오는 거친 바람일 것이다. 그래서 사구로 이동하다 보면 바람에 거칠게 일렁이는 파도가 해안가에서 흰 거품을 내며 부서지는 모습을 볼 수 있다. 그 거친 바람을 동력 삼은 거대한 풍력 발전소도 눈에 들어온다. 또 사구로 향하는 길목의 휴게소에서는 거대한 돌로 만든 바람개비가 바람에 맞춰 돌아가는 모습이 보인다. 배의 돛을 형상화한 이 '돌풍차'는 한일 우호 교류공원 안에 있다.

한일 우호 교류공원은 바람과 파도가 거센 아카사키 앞바다에 표착한 한국 선박 두 척을 돗토리 주민들이 구조하고 정성껏 보살펴 한국으로 무사히 귀환시킨 일을 기념해 조성된 곳이다. 우리는 화장실과 편의점을 들르러 가볍게 발걸음했을 뿐인데, 뜻밖의 감동을 받았다. 작은 시골 마을에 한국의 조형물과 기념비, 자료관이 자리하고 있는 것이다.

한국의 흔들바위와 범종을 마주하며 "가장 한국적인 것이 가장 감동적이다"라는 말이 절로 나왔다. 돗토리현 특산품 코너 옆에 함께 전시된 모습이 정겹기까지 하다. 흔히 한국과 일본을 '배다른 형제'라 하는데, 정말 이렇게 친하게 지낼 수 있다면 얼마나 좋을까 하는 생각이 스친다.

대자연은 종종 우리에게 힘든 재앙처럼 느껴질 때도 있다. 태풍이 밀려오면 우리는 농작물이 피해를 입지는 않을지 조심해야 하고, 허리케인은 한 마을을 쑥대밭으로 만들기도 한다. 화산이 터져서 마그마가 흘러넘치면 모든 생명은 녹아내리고 가뭄이 오면 생명이 다 말라버리기도 한다.

그래서 우리는 때로는 자연을 두려워하며, '하늘이 노했다'고 제사를 지내기도 한다. 아틀란티스 문명처럼 한순간에 바닷속으로 사라져버린 도시도 있다. 하지만 인간은 어떠한 자연의 위기도 기회로 삼으며 살아왔다. 서로를 돌봐주고 위로하며 재건했고, 일상의 소중함을 감사히 여겼다. 그래서일까, 때때로 재난은 인간의 마음속 '사랑'을 일깨우기 위해 자연이 내리는 메시지처럼 느껴지기도 한다.

우리는 여행을 떠나 그 나라의 좋은 문화와 먹거리를 찾기도 하지만, 우리를 가장 행복하게 하는 일은 그 나라만의 고유한 자연환경을 체험하는 것일 테다. 여행하면서 느끼는 이국적인 환경, 자연, 문화, 먹거리는 사실 그 나라의 자연환경과 무관하지 않다. 어쩌면 우리는 자연이 주는 새로운 선물을 찾기 위해 타국으로 향하는지도 모른다.

섬나라인 일본은 우리보다 지각판이 불안정하고 태풍도 많다. 특히 돗토리는 해안가의 강한 바람이 특징이다. 일면 단점으로 보이는 이 바다와 모래가 우리에게 큰 감동을 선사한다는 것은 자연 자체가 생명이고 사랑이기 때문이리라. 부드럽고 아름다운 모래 언덕에서 또 하나의 깨달음을 얻어본다. 바로 이것이 행복한 여행의 방식이 아니겠는가.

나룻배의 낭만,
마츠에 호리카와 유람선

요나고 공항을 이용하는 단체 여행상품 대부분은 돗토리현과 시마네현 관광으로 구성된다. 공항이 돗토리현에 위치한 만큼 첫째, 둘째 날은 주로 돗토리현을 중심으로 관광하고, 셋째 날이나 마지막 날은 시마네현을 둘러보는 일정이 많다. 돗토리현에서 '일본스러움'을 크게 느끼지 못했다면, 시마네현에서는 '아, 여기가 바로 일본이구나' 싶을 만큼 익숙한 풍경을 만날 수 있다. 마츠에성의 천수각과 해자가 남아 있고, 해자 주변에는 옛 사무라이 저택인 부케야시키(武家屋敷)와 말차를 즐길 수 있는 시오미나와테 거리가 자리한다.

마츠에로 향하던 길, 드라이버가 불쑥 말을 꺼냈다.
"마츠에는 꼰대들이 많고 텃세가 심한 곳이에요. 외부인들이 자리 잡기가 쉽지 않죠."

나는 이미 손님들에게 산인 지역에서 가장 고풍스럽고 기품 있는 문화가 남아 있는 곳이라며 의기양양하게 소개한 터였다. 그렇다면, 그렇게 텃세가 심한 곳에 외국인인 고이즈미 야쿠모(小泉八雲)가 마츠에를 그토록 사랑했던 이유는 무엇일까. 또, 멀리 교토에서 시집온 영주의 아내를 위해 교미세라는 교토 거리를 조성해준 일은 어떻게 설명할 수 있을까. 게다가 시마네현은 우리나라와 독도 문제로 갈등을 빚는 곳이기도 하다. 그런 점에서 더욱 흥미로운 땅이다.

일본사에서 큰 전환점이었던 1600년 세키가하라 전투에서 공을 세운 호리오 요시하루(堀尾吉晴)는 이즈모와 오키 지역, 곧 지금의 시마네현을 하사받았다. 원래 도요토미의 충신이었으나 도요토미 사후에는 도쿠가와 편에 선 인물로, 시대 흐름을 잘 읽고 줄을 잘 선 운 좋은 인물이었다. 그는 지금의 마츠에를 도읍으로 삼고 마츠에성을 축성했으나 69세에 타계했고, 아들은 요절, 손자는 너무 어려 가문은 오래 이어지지 못했다.

결국 1600년부터 1633년까지의 호리오가 시대는 끝나고, 도쿠가와 막부 2대 쇼군 히데타다(德川秀忠)의 사위인 교고쿠(京極忠高)가 3년 정도 통치한 뒤, 도쿠가와 이에야스의 손자인 마츠다이라 나오마사(松平直政)가 영지를 받았다. 나오마사는 '전쟁 천재'라 불릴 만큼 용맹했고, 14세에 처음 출전한 오사카 겨울 전투에서부터 두각을 나타냈다. 심지어 적장이던 사나다 노부시게(真田信繁)가 지휘 부채를 던져주며 그의 용맹함을 극찬했다고 한다. 이후 마츠다이라 가문은 무려 233년간, 10대에 걸쳐 마츠에를 다스렸다.

'마츠에'라는 이름은 한자로 '소나무와 강'을 뜻한다. 시마네현청 소재지답게 현대적인 건물이 성 옆에 자리하지만, 시내로 들어서면 마츠에성의 천수각이 눈에 들어오고, 해자 주변을 따라 늘어선 소나무들이 고풍스럽고 고즈넉한 분위기를 자아낸다. 작지만 세련되고 품격 있는 도시라는 인상이 강하다. 어떤 공간이든 그곳에 사는 이들의 집단적 의식이 만들어내는 리듬이 있는데, 이를 '분위기'라 한다면 마츠에의 독특한 분위기는 어디에서 비롯된 것일까.

지금의 마츠에를 가장 멋지게 꾸민 이는 7대 번주 마츠다이라 하루사토(松平治郷)다. 역설적으로, 하루사토가 영주가 된 1767년은 실은 마츠에가 재정적으로 가장 힘들었던 시기였다. 그는 재정 재건책을 추진하는 동시에 다도와 선학을 배워 자신만의 다도관을 확립했다. 지금의 독특한 마츠에의 분위기는 차를 마실 수 있는 다실이 많기 때문이지 않을까 한다. 우리는 마츠에에 오면 다실에 들러 말차를 마시는 체험을 한다. 어쩌면 마츠에의 분위기란, 마츠다이라 가문이 다도회를 통해 길러온 정신과 마음이 지금까지 이어져 내려오는 흔적일지도 모른다.

매년 10월, 마츠에성에서는 대차회가 열려 각종 화과자와 함께 차를 즐길 수 있다. 다도를 정치적으로 활용한 인물로는 오다 노부나가가 유명하다. 오랜 전란과 혼돈 속에서 다이묘들의 유일한 취미가 다도였고, 다도는 단순히 녹차를 마시는 행위가 아니라 하나의 종교이자 규율 체계였다.

다도에는 반드시 '선생'이 필요했고, 다이묘들이 스승이라 부르던 이들이 바로 다도 사범이었다. 그런데 하나의 종교와도 같았던 다도를 마츠다이라 하루사토는 유파와 정해진 규율이 아닌 자신만의 개성 있는 다도를 만든 것이다. 그전까지 다도는 다이묘와 사무라이 등 권력층만 향유했던 고급 문화였다면, 마츠에에서는 대중적으로 뿌리내려졌다고 할 수 있다. 그래서 마츠에인들의 자부심이 큰 것일까?

모든 권력이 제아무리 높다 한들 영원한 것은 아무것도 없다. 마츠다이라 가문도 무너지고 성도 부셔져야 하는 시기가 온다. 1868년 도쿠가와 막부를 쓰러뜨린 메이지 유신과 그 후의 폐성령으로 많은 성들이 해체된다. 하지만 태산 같은 자부심 때문이었을까? 마츠에인들은 거기에 저항했다. 그리고 옛 마츠에 번의 무사 다카기 곤파치와 지역의 부유한 농부였던 가츠베 모토에몬 부자의 노력으로 막대한 금액을 정부에 바치고 성을 지켜내게 된다. 그 결과, 일본의 수많은 성이 사라진 지금도 마츠에성은 살아남아 일본에 현존하는 단 12개의 천수각 중 하나가 되었다. 규모로는 세 번째이며, 2015년에는 국보로 지정된 목조 천수각이다.

성 내부는 화재 위험에 특히 민감해 매달 화재 진압 훈련이 시행된다. 관람객은 입구에서 신발을 벗고 가파른 목조 계단을 맨발로 올라야 한다. 손에 신발 봉지를 들고, 미끄럽게 반들반들해진 계단을 발가락에 힘을 주어 올라가다 보면 어느새 5층 망루에 도착한다. 계단은 위로 갈수록 거의 직각에 가까워진다. 그렇게 오른 망루는 마츠에에서 가장 오래된 전망대로, 시마네현의 동서남북을 한눈에 내려다볼 수 있다.

마츠에 시민들의 자부심이자 국보인 마츠에 성을 따라 내려오면 우리는 마츠에성이 아름다운 것은 그 주위를 감싸고 흐르는 호리가와 강이 있기 때문이라는 것을 알게 된다. 변치 않고 오랜 세월 묵묵히 고요히 흐르는 강은 마츠에가 물의 도시이자 전통의 도시임을 말없이 알려주는 듯하다. 강 위를 떠다니는 나룻배는 지금이 21세기라는 사실을 잠시 잊게 만든다. 길이 8m, 폭 2m 남짓한 작은 배지만 뱃사공의 안내를 따라 마츠에 곳곳의 풍경을 즐길 수 있다. 배 안에는 겨울에도 따뜻하게 이용할 수 있는 코타츠가 마련되어 있다. 소도시 여행의 진정한 묘미는 이렇게 유유자적 흐르는 시간 속의 여유일지 모른다. 그렇기에 마츠에에서 나룻배 체험은 결코 놓쳐서는 안 될 필수 코스다.

가만히 앉아서 멍하게 경치를 바라보고 있노라면, 생각을 하지 않아도 된다는 불안감이 순간 엄습하기도 한다. 그렇다! 너무나 빠른 현대사회 흐름에서 우리는 한순간도 생각하지 않을 때가 없다. 오히려 아무것도 하지 않으면 초조해져 우리의 뇌는 무언가 걱정거리를 끌어올리기도 한다.

처음에는 좁은 공간에 갇힌 듯 답답하다가, 낮은 다리를 지날 때마다 배 바닥에 얼굴이 닿을 듯 몸을 숙여야 한다. 다리 하나를 건너고, 또 건너다 보면 우리는 어느샌가 배 안의 환경에 익숙해진다. 그리고 위기가 지나 평화가 오듯, 상체를 일으킨 후부터 여유와 평온 속에 행복해한다.

그때부터는 거리의 고즈넉함이 눈에 들어오고 에도시대에 만든 다닥다닥 붙어 있는 목조 2층 가옥의 아름다움도 사진으로 담는다. 어느덧 강물의 흐름에 잔잔히 나아가는 배와 한 몸이 된다. 지금 흘러가는 게 배인가? 나의 몸인가? 그러다 보면 어느새 50분의 시간이 훌쩍 지나간다. 뱃사공의 부축을 받으며 나룻배에서 내리는 우리는 어느덧 마츠에와 사랑에 빠져버리게 된다.

이렇게 마츠에에 매혹된 이는 우리뿐만이 아니다. 먼 옛날, 한 외국인도 이 땅과 사랑에 빠졌다. 바로 고이즈미 야쿠모(小泉八雲, 라프카디오 헌)이다. 그리스 태생이지만 일본에 귀화해 마츠에 무사가문의 딸 세츠와 결혼한 후 3남 1녀를 두고 살았다. 그는 보수적인 마츠에에서 탄생한 첫 귀화인이자, 누구보다 마츠에를 사랑한 인물이었다.

생전에 마츠에에서 보고 느낀 감동을 작품에 남겼으며, 지금도 그의 전시관이 시오미나와테 거리에 자리한다. 말차 체험을 마친 뒤 그의 문학 세계를 둘러본다면, 유럽인의 눈에 비친 마츠에의 아름다움을 다시금 느낄 수 있을 것이다.

자고로 여행은 아는 만큼 보이고 보이는 만큼 즐길 수 있는 것이 아니겠는가.

일본 산인의 후지산, 다이센

북한산에는 의상봉이 있다. 의상대사가 이 길을 걸어 오르며 수행했다는 가파른 고개다. 산은 우리에게 자연이 품고 있는 생명의 파동을 전해준다. 그래서 사회에서 큰 상처를 받은 이들은 자연으로 돌아가 다시 살아갈 힘을 얻는다.

최초의 여행은 성지 순례였다. 자신 안의 빛을 발견하기 위해, 아니 이미 내 안에 있는 존재와 연결되기 위해 떠난 길이었다. 깨달음을 위한 여행이었다. 우리는 육신을 지니고 있기에 생로병사의 고통을 겪는다. 그래서 그 고통을 초월하기 위해 온갖 고행을 했다. 불에 달군 돌 위를 걷는 것도 그중 하나다. 지금 생각하면 두렵기 그지없지만, 실제로 걷는 이를 본다면 나도 걸을 수 있을 것 같은 마음이 든다.

모든 것이 내 마음먹기에 달려 있다는 것을 알면서도 우리는 여전히 사소한 일에도 상처받고, 또 상처 주며, 마음속에 찌꺼기를 쌓아 간다. 내 안의 진정한 자아는 이미 내가 가야 할 길을 알고 있는데 그 찌꺼기가 그 길을 막고 있는 것이다. 그래서 산 좋고 물 좋은 명당에는 으레 유명 사찰이 자리한다. 사찰은 단지 우리의 쉼터일 뿐만 아니라, 그 사찰에 이르는 여정이 우리에게 깨달음을 주기도 한다.

그래서 산은 자연스레 숭배의 대상이었다. 하늘에 가까이 닿은 높은 봉우리, 우리나라 강화도 마니산은 하늘에 제를 올리던 장소였다. 산은 온갖 열매와 식물, 동물이 살아 숨 쉬는 생명의 터전이기도 하다. 우리가 자연 속에 있으면 기분이 좋아지고 기운이 나는 것도 이 때문이다. 동서남북이 산으로 둘러싸이고 가운데 강이 흐르는 자리를 명당이라 해서 도읍으로 삼기도 했다. 또 사방의 귀문방에 신사를 세워 기운을 지키려 했다. 그런 곳들이 오래 유지되었고 권력도 함께 지켜졌다.

일본은 환태평양 조산대 위에 놓여 있어 지진과 화산이 잦다. 그래서 화산으로 이루어진 산이 많다. 그 가운데 일본인들의 마음속에 가장 큰 신성으로 자리한 산은 후지산이다. 해발 3,777m. 비행기를 타고 일본으로 들어갈 때, 창밖으로 보이는 부채꼴 능선은 보는 이들의 마음에 큰 감동을 준다. 봉우리에 흰 눈이 뒤덮인 모습은 그야말로 장엄하다.

후지산은 300년을 주기로 큰 폭발을 거듭하며 높아졌다는 이야기도 있고, 오래전 단 한 번의 거대한 폭발로 지금의 형태를 갖추었다는 설도 있다. 그래서 일본인들은 후지산 근처에 신사를 세우고, 그 열과 압력의 에너지를 인간도 받기를 바라며 기도했다. 화산이 두려운 존재이면서도 동시에 신성한 존재였던 것이다. 일본인들이 화산 근처에 모여 살기를 좋아한 것도 그 때문이다.

후지산은 유네스코 세계문화유산으로도 지정되었는데 도쿄에서 시즈오카를 향해 달리다 보면 저 멀리 꼭대기가 마름모 모양으로 떠 있는 모습이 신비롭다. 가까이 다가갈수록 좌우로 우아한 곡선을 드러내며 3,777m의 자태를 드러내는 순간, 우리는 말문을 잃는다. 홀린 듯 서둘러 카메라를 손에 들고 혹여 구름에 가릴까 연신 셔터를 눌러대곤 한다.

나는 일본에 첫 여행 온 손님들께 늘 퀴즈를 낸다.
"우리나라 산과 일본 산의 다른 점은 다른 게 무엇일까요?"
손님들은 창밖을 바라보다가, "산은 산이고 물은 물이지" 하는 표정을 짓곤 한다. 그때 나는 잠시 뜸을 들이다가 말한다.
"한국 산은 뾰족뾰족한 암석산이고, 일본 산은 둥글둥글한 능선산입니다."

한국 산은 양산(陽山), 일본 산은 음산(陰山)이다. 다시 말해, 한국인은 뾰족한 산의 기운을 받아 저항정신이 강하고 밀어붙이는 '무대포 정신'이 강하다. 일본인은 음산의 기운을 받아 속으로 삭이고 겉으로 드러내지 않는, 소심하면서도 세심한 성격이 되었다는 것이 나의 '가이드 철학'이다. 나 역시 한국인이 아닌가. 무대포로 밀어붙이면 웬만한 건 해내고야 만다.

그래서 한국인은 전 세계 어디를 가도 잘 산다. 6·25 전쟁 직후만 해도 우리나라는 태국이나 필리핀보다 못사는 나라였다. 그런데 서유럽이 300년에 걸쳐 이룩한 선진화를 우리는 불과 50년 만에 이룩했다. 그 힘은 어디서 온 걸까? 나는 그것이 바로 우리 산의 정기라고 믿는다.

와카야마 산을 중심으로 안쪽을 '산인(山陰)'이라고 한다. 이름 그대로 조금은 조용하고 독자적인 문화를 가진 곳이 산인 지역이다. 우리가 요나고 공항에 내려 돗토리현과 시마네현을 여행할 때 저 멀리 두둥실 떠 있는 산, 그것이 다이센이다.

해발 1,768m로 그리 높지는 않지만, 화산 폭발로 이루어진 점과 형태가 후지산과 닮았다. 산인 지역의 풍경을 가장 돋보이게 해주는 산이기도 하다. 다이센은 말없이 어디서든 배경이 되어주고, 조용한 도로를 달릴 때마다 눈길을 끌며 여행의 즐거움을 더한다. 석양 무렵 다이센을 오르다 보면, 저 멀리 온천지의 바닷가가 보이고 단조롭지만 부드러운 능선 위로 붉게 물드는 노을이 펼쳐진다. 그 순간, 산인의 아름다움에 저절로 취하고 만다.

[출처 : 저자 제공]

1900년대 이전까지만 해도 다이센은 '신이 사는 산'이라 불려, 일반인은 감히 오를 수 없는 신성한 산이었다. 태양이 먼저 떠 햇살을 받는 오카야마 쪽을 '산양(山陽)', 다이센 때문에 그늘진 쪽을 '산음(山陰)'이라 부른다. 산인 지역은 일본에서도 가장 안전한 지역이라 한다. 다이센이 태풍을 막아주고 자연재해도 보호해주니 살기 좋은 곳이 된 것이다. 그래서 하루쯤은 다이센을 트래킹하는 것도 좋다. 높지 않고 능선이 부드러워 접근성이 뛰어나고 오르기에도 어렵지 않다.

일본에서는 입산 전, 하산 시에 등산 신고서를 각각 작성해야 한다. 등산객 조난 시에 신원 및 안전을 확보하기 위함이다. 그리고 등산을 하면서 "곤니치와!(こんにちは!)"라는 인사를 주고받는다. '곤니치와!'는 '안녕하세요'라는 인사인데, 인사성 밝은 일본인들은 산에서라고 예외가 아니다. '곤니치와!', '곤니치와!'를 반복하면서 걷다 보면 자연과 사람이 연결되어 있다는 느낌이 강하게 들기도 한다. 그래서 우리나라에서 등산을 할 때도 "안녕하세요!"라고 인사를 한다. 산속을 걷다가 사람을 만나면 무척 반갑다. '사람 사이 관계의 기본은 인사구나'라는 사실을, 나는 산을 오르며 다시금 깨닫는다.

일본의 다이센은 올라가는 데크길에 폐타이어나 못을 전혀 쓰지 않는다. 모두 친환경 소재다. 다이센 근처에는 은퇴한 대도시 사람들이 펜션을 짓고 텃밭을 가꾸며 살아가는 모습도 볼 수 있다. 그래서 다이센은 단순히 바라보는 산이 아니라, 사람과 함께 살아가는 휴식터 같은 느낌을 준다. 이곳에서는 자신의 분뇨를 거름화해서 가지고 갈 수도 있는데, 자연을 소중히 깨끗하게 여기는 일본인들의 정신을 여기서도 느낄 수 있다.

단체 여행이라면 우리는 반드시 다이센의 밀크 목장을 방문한다. 다이센은 지열이 따뜻해 뿌리가 깊지 않은 풀이 잘 자란다. 그 풀을 먹고 평화롭게 자라는 소들이 내주는 우유 맛은 고소하기 이를 데가 없다. 아이스크림은 우유 맛이 진하고 깊다. 다이센은 이렇게 말없이 무한한 사랑을 베푼다. 밀크 목장에서 노을이 지는 석양을 바라보며, 잔잔한 동해를 곁에 두고 고소한 아이스크림을 맛보는 순간 산인의 아름다움에 저절로 취하게 된다. 그리고 그 아름다움에 취한 우리를, 자연은 고요히 품어준다.

다이센은 늘 변함없이 우리를 기다리고 있다. 말없이 우리를 지지하고, 문득 뒤돌아보면 묵묵히 그 자리에 서서 미소 짓고 있는 듯하다. 그래서일까, 요나고의 인기는 날로 높아진다. 이제는 대도시보다 소도시 여행이 트렌드가 된 듯하다. 일본 소도시 여행의 매력은 이렇다. 지역을 한눈에 내려다볼 수 있는 산이 있어야 하고, 어디를 다녀도 그 산이 보일 만큼 이동 반경이 좁아야 한다. 그리고 잔잔하게 파도치는 바다를 족욕을 하며 감상할 수 있어야 한다. 이런 곳이 소도시의 매력이라고 했을 때 어떠한가? 산인 지역의 다이센이 눈앞에 펼쳐지는 곳, 바로 요나고이지 않겠는가.

작은 여행, 특별한 발견

세계는 한 권의 책이다. 여행하지 않는 사람은 그 책의 한 페이지만을 읽는 것과 같다.

- 성 어거스틴(St.Augustine)

여행은 편견과 고집, 좁은 시야를 없애준다.

- 마크 트웨인(Mark Twain)

여행은 인간을 겸손하게 만든다. 세상에서 인간이 차지하는 영역이 얼마나 작은지 깨닫게 한다.

- 귀스타브 플로베르(Gustave Flaubert)

여행은 내면을 성장시키고, 우리가 가진 시야를 넓히며 열린 세계관을 갖도록 돕는다. 그래서 "가장 위험한 여행은 떠나지 않는 것이다"라는 말도 있지 않은가.

나는 예전에 스페인 발렌시아에서 소매치기를 당할 뻔한 적이 있다. 스페인은 뜨거운 태양이 작열하는 이베리아 반도를 따라, 마드리드에서 시작해 바르셀로나까지 해변선을 따라 일주한다. 당시 이강인 선수가 발렌시아에서 활동하는 시기라 '이강인 선수를 볼 수 있지 않을까?' 하는 기대감으로 발렌시아의 랜드마크인 예술과학 도시를 일정 마지막 즈음에 넣어두었다.

나는 그때 손님께 받은 공동 경비, 옵션비 등 상당한 금액의 돈을 가지고 있었다. 회사에 정산해야 할 돈이 들어 있는 가방을 가지고 다녀야 하기에 자연히 긴장할 수밖에 없었다. 유럽은 화장실조차 무리지어 다니라 할 만큼 소매치기가 많기 때문이다. 그런데 아뿔싸, 손님들을 다 보내고 잠시 혼자 쉬던 중 갑자기 화장실이 급해졌다. 주차장 안쪽, 어둑한 지하 화장실로 향했다. 불을 켜고 들어가 문을 잠갔는데, 갑자기 불이 꺼지고 문을 두드리는 소리가 났다.

나는 "누구세요? 누구세요?"를 외치며 안에 사람이 있음을 알렸다. 순간 머릿속으로 온갖 부정적인 생각들이 스쳐가 나는 급히 가지고 있던 현금을 신발과 속옷 속에 쑤셔 넣었다. 어떻게든 시간을 벌고 돈다발을 지켜야 한다는 필사적인 마음이었다. 공포에 심장이 쪼그라들기를 몇 초인지, 몇 분인지 갑자기 불이 켜지고 밖은 잠잠해졌다. 나는 숨을 죽인 채 조용히 화장실을 나왔는데, 밖에는 2명의 스페인 여성이 손을 씻고 있었다. 아무 일 없다는 듯 평온 그 자체의 분위기였다. 조금 전까지 대체 무슨 일이었던 것일까?

　유럽 여행은 대개 7~8일 일정이다. 그 기간 가장 많이 듣는 말은 "소매치기를 조심하라"는 것이다. 실제로 매일같이 "가방을 털렸다", "호텔방을 털렸다"는 이야기를 듣는다. 그래서 내 가방뿐만 아니라 손님들의 짐까지 늘 긴장 속에 지켜야 한다. 여행을 마치고 돌아오면 '즐거웠다'라기보다 '무사히 다녀왔다'는 안도의 한숨이 먼저 나온다. 탈진한 채 집에 틀어박히면, 세상천지 가장 안전하고 편한 곳은 역시 내 집이라는 사실을 새삼 실감한다. 답답해서 떠난 여행 끝에 결국 가장 편히 쉴 곳은 집뿐이라는 것을 깨닫는 것이다.

　알랭 드 보통(Alain de Botton)이 기획한 《나를 채우는 여행의 기술》에는 룸서비스가 주는 즐거움에 대해서 나와 있다.
　'무릎 위에 룸서비스 메뉴판을 올려놓고 살피며 수화기를 든다. 전화를 끊자마자 목욕재계하고 나와 텔레비전 채널을 좀 돌리고 있노라면 노크 소리가 들린다. 큰 접시 아니면 바퀴 달린 카트가 당당하게 침대 앞까지 밀고 들어온다. 음식 자체는 크게 특별하지 않을지 모르지만 중요한 것은 사람의 정성이 묻어 있다는 것이다. 따뜻함을 유지하기 위해 특별히 고안된 특별한 테이블 아래에 들어 있거나 크고 동그란 철제 뚜껑에 덮여온 저 모습을 보라. 식사하는 우리의 기분을 고려해 기다란 꽃병에 튤립 한 송이도 함께 보냈다.'

우리는 사진 한 장의 낭만에 취해 여행을 준비하고 시간과 돈을 들여 몇 달에 걸친 계획을 세워 여행을 간다. 하지만 여행에서 가장 우리에게 즐거움을 주는 시간은 호텔에 들어가서 하루를 마감하는 순간일 수도 있다. 여행에서 호텔 숙박은 중요한 부분이다. 간혹 배낭여행을 하며 게스트하우스를 전전할 수도 있을 것이다. 물론 그 또한 좋다. 전 세계의 여행자들을 만날 수도 있고, 불편한 침실에서 히피족이 된 듯한 낭만도 느낄 수 있다. 하지만 하루 정도는 좋은 호텔에서 숙박하면서 작지만 특별한 여행을 즐겨보자.

3박 4일의 출장을 마치고 집에 돌아오면 나는 룸서비스를 기다리는 것이 가장 설렌다. 배달의 민족 앱을 켜고 무엇을 먹을 것인지를 살핀다. 주문이 많은 순서로 들어가서 리뷰를 살펴보고 무엇을 먹을 것인지 고른다. 주문 시에는 일회용품을 받을지 말지, 반찬을 추가할지 안 할지, 옵션을 꼼꼼히 체크한다. 벨을 울릴 건지, 문 앞에 두고 갈 건지 나의 취향을 꼼꼼히 알린다. 주문을 마친 후에는 샤워를 한다. 그리고 음식이 도착하기를 기다리며 넷플릭스의 리모컨을 만지작거린다. 재미있는 것은 영화를 보는 시간보다 무엇을 볼지 고르는 시간이 더 즐겁다는 것이다.

드디어 마침내 '딩동' 하고 벨이 울린다. 오토바이를 타고 내리신 기사님이 마치 마초처럼 멋지게 서서 음식을 건넨다. 나는 그것을 받아들고 방 안으로 들어와, 아끼는 원목 테이블 위에 펼쳐놓는다. 꼼꼼히 포장을 벗겨내면 음식은 도중에 식지 않도록 보냉팩에 잘 싸여 있다. 케이스 위에는 '맛있게 드세요'라는 손 편지가 붙어 있다. 저 멀리 도로를 건너고 신호등을 기다리며 집 앞까지 배달해주는 배달의 민족이 있음을 감사하게 느낀다. 가장 작은 나만의 공간에서 가장 큰 행복을 누리는 순간이다.

아름다운 풍경과 멋진 이국땅을 여행하기 위해 떠나왔지만, 우리는 작은 나를 벗어나기 어렵다. 각자가 가지고 있는 습관적인 중독에서도 벗어나지 못한다. 어디를 가든 담배 피울 곳을 먼저 찾게 되고, 어디를 가든 카페인을 섭취하고자 커피숍을 찾게 된다. 일본은 거리가 너무 깨끗해서 아무 데서나 담배를 피우거나 꽁초를 버리기 어렵다. 일상생활에서는 잘 느끼지 못하다가 여행을 오게 되면 우리는 자신의 익숙한 생활 패턴이 무엇인지를 알아차리게 된다. 자신이 무엇을 좋아하고 싫어했는지, 그리고 무엇에 중독되어 있는지도 말이다. 여행은 잊고 있었던 나를 발견하게 해준다.

소도시 여행의 즐거움은 뭐니 뭐니 해도 여행이 주는 균형감이라 할 수 있다. 카트린 지타(Katrin Zita)는 《내가 혼자 여행하는 이유》에서 이렇게 말한다.

'중요한 것은 균형을 맞추는 것이다. 행복한 삶이란 일하지 않고 놀기만 하는 삶도, 돈을 많이 버는 삶도 아니다. 일이나 인간관계에서 생긴 스트레스를 좋은 자극이자 기회로 활용할 수 있을 만큼 자신의 몸과 마음을 건강하게 돌보는 삶이다. 그러니 일에 시간을 쏟는 만큼 쉬는 데도 시간을 쓰라. 휴식이 없다면 성공도 없다'라고 말한다.

화려하고 북적이는 여행이 주는 즐거움이 있다면, 조용하고 여유롭고 시간의 흐름이 느린 듯한 산인 지역의 여행은 소소하면서도 특별한 즐거움이 될 수 있다. 일본의 가장 작은 현이자 은퇴자들의 선호지인 돗토리와 전통적이면서도 고급스러운 시마네현은 일정은 짧지만 균형감 있는 여행을 선사한다.

그래서 소도시일수록 친구나 가족과 함께 오는 것이 좋다. 조용함 속에서 여유롭게 친목을 다지기에 알맞고, 작지만 특별한 추억을 남길 수 있다. 특별한 관광지도 있고, 힐링과 쉼도 있고, 여행의 목적도 있다. 그리고 그 안에서 작은 나를 다시 발견하는 기쁨도 있다.

四国 시코쿠

카가와현
도쿠시마현
에히메현
고치현

Chapter 3

시코쿠, 섬나라 속 신비로운 섬마을

우동현에 오신 것을 환영합니다, 다카마츠

시코쿠는 일본의 큰 네 개의 섬 중 가장 작은 섬이다. 본섬과 시코쿠 사이에는 세토나이카이가 잔잔히 흐른다. 그 위로 일본에서 가장 긴 다리인 세토대교가 놓여 있다. 길이 12,307m로, 아래는 철도, 위는 도로의 2층 구조다. 시와쿠 제도의 다섯 섬을 연결하는데, 세 개의 현수교, 두 개의 사장교, 한 개의 트러스교로 이루어진 천국의 다리라 불린다. 신칸센이 없는 시코쿠와 일본 본섬을 이어주는 가장 중요한 다리다.

'시코쿠(四国)'는 말 그대로 네 개의 현으로 이루어진 섬이다. 카가와, 도쿠시마, 에히메, 고치가 그것이다. 이름만 봐도 향기 나는 강, 덕스러운 섬, 사랑스러운 공주, 높은 지성 등 문학적이고 시적인 느낌을 준다. 고치는 일본인이 가장 사랑하는 인물, 사카모토 료마(坂本

龍馬)의 고향이고, 도쿠시마의 아와오도리는 일본 3대 전통춤 중 하나다. 또 〈센과 치히로의 행방불명〉에 나오는 3,000년 된 도고 온천도 있다. 각 현마다 특색과 자랑거리가 가득한 매력적인 곳인데, 우리는 왜 그동안 잘 찾지 않았을까?

시코쿠의 면적은 우리나라 경상북도와 비슷하고, 인구는 약 372만 명이다. 유일하게 신칸센이 없어 현과 현 사이를 이동할 때는 버스와 도로를 이용해야 한다. 그래서 시코쿠 여행을 하다 보면 구석구석을 느릿느릿 걸으며 여행하는 맛을 느낄 수 있다. 본섬에서 떨어져 있고 작은 섬이지만, 산맥이 가로막혀 있어 깊은 계곡도 많다. 서로 단절된 듯한 고독감 속에서 오히려 일본의 진정한 아름다움을 그려내는 곳, 그래서 시코쿠를 '일본의 소울'이라 부르는 게 아닐까.

우리가 시코쿠로 가는 방법은 카가와의 다카마츠 공항을 통해서이다. 카가와는 일본에서 가장 작은 현이다. 속담에 '작은 고추가 맵다'라는 말이 있듯, '작지만 강한 향이 있다'고 해서 카가와인가 보다. 공항을 나서면 여기저기에서 큰 우동 그릇을 들고 젓가락으로 면을 집어 올리는 조형물을 볼 수 있다. 일본인의 소울 푸드를 말한다면, 적어도 다카마츠에서만큼은 우동일 것이다. 다카마츠는 우동의 본고장이기 때문이다. 현 내 우동 가게만 900곳이 넘고, 길을 걷다 보면 줄 서 있는 집들이 십중팔구 우동집이다.

일본인들이 가장 좋아하는 《우동 한 그릇》이라는 소설이 있다. 민주당 오쿠보 의원이 국회 예산심의안 때 읽어줘서 유명한 소설이다. 어떤 내용이기에 국회 회의장에서 읽어주었을까? 재미있는 것은 소설 속 배경이 다카마츠가 아니라는 것이다. 소설의 내용은 매해 마지막 날, 12월 31일 가난한 세 모자가 우동집에 와서 우동 한 그릇을 시켜 먹는다는 이야기다.

일본은 원래 1인분 문화다. 음식을 남기지 않고 깨끗하게 먹는 것이 한 사람의 몫을 하는 것이라는 의미로, 어렸을 때부터 일본 아이들은 물건 제자리 놓기, 화장실에서 줄 서서 손 씻기, 그리고 가장 중요한 음식을 남기지 않고 먹는 문화를 배운다.

우리나라가 "음식은 상다리 휘어지도록 차려 대접하고, 먹고 남겨야 예의가 있다"라는 체면을 중시하는 문화라면, 일본은 우리와는 다른 실속 있고 군더더기 없는 문화를 지향한다. 그래서 우리는 식당에 가서 "이모, 콩나물 반찬 좀 더 주세요" 하면 "한 번 주면 정 없지, 두 번 줄게!" 하면서 흔쾌히 주시지 않는가? 반면 일본은 반찬을 추가하려면 돈을 내야 한다. 단무지 세 조각에 추가 요금 3,000원을 내야 한다면 당신은 먹겠는가? '기분 나빠, 안 먹어' 하며 손사래를 치고 말 것이다.

이렇듯 일본에서는 식당에서도 깍듯한 예의를 지켜야 한다. 문을 열고 들어갈 때도 "이리 오너라~"가 아니라 "스미마셍(실례합니다)"하며 조용히 들어간다. 《우동 한 그릇》의 감동이 여기에 있다. 부끄러움을 감수하고 세 모자가 우동 한 그릇을 시켰다는 것. 세 모자는 가난한 이들이 새로운 인생을 꿈꾸며 이주한다는 북해도의 삿포로에 살았다. 그런데 아버지가 교통사고를 내고 만다. 피해자들에게 상담금액의 배상금을 갚아야 했기에 아들은 신문 배달을 하며 새벽부터 일하는 엄마를 도왔다. 그들의 유일한 가족 회식이 한 해의 마지막 날 우동 한 그릇을 시켜 세 모자가 나눠 먹는 것이다. 그들이 빚을 다 갚고 성인이 된 후에 우동 세 그릇을 시켜 먹기 위해 다시 우동집에 방문해 눈물을 흘리며 지난날을 회상하며 소설은 마무리된다.

한 해를 마무리하는 연말에는 면발이 긴 국수나 소바를 먹는 게 일본의 문화다. 그런데 소설의 제목을 지을 때, '소바 한 그릇', '국수 한 그릇'보다는 '우동 한 그릇'이 훨씬 더 정감 있지 않은가?

우동은 탱탱한 면발이 입안에서 쫀득하게 씹히다가 시원하게 목을 타고 넘어가는 맛이 일품이다. 그래서 사누키 우동은 따뜻한 국물에 불려 먹는 것이 아니라, 차가운 면발을 간장과 계란에 비벼 후루룩후루룩 소리를 내며 먹어야 제맛이다. 우동 면은 밀가루와 소금, 물만 있으면 된다. 그래서 따지고 보면, 가성비 최고의 장사는 우동 장사다.

다카마츠는 원래 강수량이 적어 밀 농사에 적합하다. 게다가 이곳은 공해 스님의 고향이다. 공해 스님이 당나라에 유학하던 중 중국에서 면 요리를 접하고, 고향에 돌아와 전한 것이 바로 우동이었다. 그래서 '다카마츠' 하면, 곧 우동을 떠올리게 되는 것이다. 일본에 온 손님들이 으레 "우동 먹을 곳 없느냐"고 묻곤 하는데, 사실 그 원조가 다카마츠라는 건 잘 모른다. 게다가 스님이 전한 음식이라는 건 아마 전혀 생각지도 못할 것이다.

그래서 다카마츠에 오면 반드시 '우동 학교'를 가봐야 한다. 이곳에서는 우동을 직접 반죽하고 썰어 요리를 해서 먹는 일련의 과정을 체험한다. 입학 의례로 시작해 졸업까지 거치면 마지막에는 졸업장까지 받는다. 두루마리 같은 졸업장 안에는 '팔팔 끓는 물에 삶아 차가운 물에 헹궈 간장에 비벼 먹으라'는 이미 다 아는 내용이 적혀 있다. 라면 끓이는 것보다 쉬운 이야기다. 그런데 재미있는 것은 두루마리는 펼치면 막대가 꽂혀 있는데, 바로 이 막대가 주인공이다. 이 막대는 반죽을 미는 밀대다. 우리는 그 막대를 마치 〈요술공주 밍키〉의 요술봉처럼 소중히 간직하며, 언젠가 꼭 써보리라 생각하며 한쪽에 쑤셔 넣는다.

우동 학교는 선서로 시작한다. 물, 밀가루, 소금을 섞어 반죽한 뒤 비닐 팩에 넣어 바닥에 놓는다. 그다음이 하이라이트다. 모두가 차례로 발로 반죽을 밟는다. 처음엔 천천히, 5분 뒤에는 멤버를 체인지해 조금 더 빠르게 밟는다. 남은 사람들은 탬버린을 치며 응원한다. 신나는 음악도 흘러나온다. 마지막이 클라이맥스다. 가장 열정적인 주자의 등장이다. 이제부터는 디스코를 춰야 하기 때문이다. 디스코 음악에 맞춰서 반죽이 미어터지도록 신나게 밟는다. 댄스음악의 볼륨은 더 커지고 사람들의 환호성도 극에 달한다. 교실은 마치 축제의 장인 듯 한껏 달아오른다.

신나게 다 밟고 나면 우리는 학교를 온 건지 파티장에 온 건지 얼떨떨해진다. 그리고 잘 반죽이 된 밀가루 덩이를 고이 펴서 테이블 위에 놓는다. 그때 우리는 말하지 않지만 똑같은 생각을 한다. '이 반죽은 과연 누구의 입에 들어가는 것일까? 이것을 먹어야 한다는 말인가?'라는 생각이다. 나는 그럴 때 모르는 척 손님들의 주의를 딴데로 돌리곤 한다. 체험의 마무리는 졸업장 수여다. 그리고 각자 만든 반죽을 선물처럼 포장해 본국으로 가져간다.

시코쿠에 오기 전까지는 나도 다카마츠가 우동의 원조인 줄은 몰랐다. 일본의 가장 작은 현에서 일본을 상징하는 음식이 나왔다니 말이다. 으레 오사카 상인이나 큰 항구 도시에서 나왔으리라 생각하고 있었다. 그래서 사람은 자기가 모든 것을 안다고 자만해서는 안 되는 것이다. 우동이라고 다 같은 우동이 아니다. 우동도 시코쿠 우동은 다르다. 쫄깃한 식감과 탱탱한 면발이 일품이다. 죽 늘어선 가게들이 서로를 격려하며 더 맛있는 우동을 만들기 위해 노력한다.

배우기를 좋아하는 당신, 다카마츠의 우동 학교를 추천합니다! 자격조건은 뼈에 살만 붙어 있으면 OK!

꽃보다 예쁜 호박이 있어 좋다, 나오시마

나는 개인적으로 호박잎을 쪄서 쌈장에 싸 먹는 것을 좋아한다. 노란색 호박꽃도 좋아한다. 꽃잎은 샛노랗고 크며 다가가기 편하다. 어린 시절, 별다른 놀거리가 없었을 때 동네 친구들과 함께 호박꽃 안에서 꿀을 빠는 벌을 꽃잎으로 감싸 포획하곤 했다. 겁도 없이 말이다. 호박은 호박죽으로 끓여 먹어도 맛있다. 붓기도 빠지고 다이어트에도 좋다. 그런데도 우리는 왜 그 유익한 호박을 못생겼다고 구박하는 걸까? "호박에 줄 긋는다고 수박되냐"는 말처럼 말이다.

호박은 신데렐라의 마차로도 등장해 왕자님과의 인연을 이어주는 데 톡톡히 한몫했다. 그런 호박에 점 하나 찍었을 뿐인데, 세계에서 가장 비싸게 팔리는 작품이 되었다. 내가 구입한 가장 비싼 열쇠고리도 호박 열쇠고리인데, 가격이 25,000원 정도다. 그 마법을 부린 요정이 바로 쿠사마 야오이(草間彌生)다. 현대 최고의 아티스트의 작품을 일본에서 가장 작은 소도시에서 만날 수 있다니, 참 아이러니하면서도 호기심이 생기지 않는가? 그곳이 바로 나오시마다.

나오시마에 가기 위해서는 대부분 다카마츠에서 페리를 타고 섬으로 들어간다. 나오시마는 '죽기 전에 꼭 가봐야 할 현대미술의 성지'로 꼽힌다. 면적은 14㎢, 인구 3,000명 남짓의 작은 섬이다. 원래는 구리 제련소가 있던 곳이지만, 산업이 쇠락하면서 쓰레기장으로 전락했다. 쓰레기는 쌓이기 마련이다. 사람들은 쓰레기가 있는 곳에 또 쓰레기를 버린다.

그렇게 '죽음의 섬'이 된 나오시마는 후쿠다케 소이치로(福武總一朗) 회장이 도시 재생 프로젝트를 추진하며, 안도 다다오(安藤忠雄)와 손잡고 예술의 섬으로 다시 태어난다. 그것이 바로 '베네세 아트 사이트 나오시마'다. 베네세 미술관, 지중 미술관 등 세계 거장 안도의 건축과 함께 우리나라 이우환 작가의 작품도 감상할 수 있다. 또, 오래된 빈집을 활용한 '이에 프로젝트'라는 아트 작품도 만날 수 있다. 매년 50만 명 이상이 나오시마를 찾는다.

나는 나오시마를 개인적으로 여행한 적이 있다. 그리고 다녀온 후 가장 강렬한 인상이 남았던 것은 단연 호박이다. 많은 볼거리와 이야깃거리들이 있지만, 쿠사마 야요이의 호박을 본 후로 나오시마에 대한 나의 기억은 노란색 호박으로 가득 차 버렸다. 한때 쓰레기 섬이었던 나오시마는 물론 지금은 그 흔적을 알 수 없을 정도로 정비되었지만, 왠지 모를 한적하고 외로운 느낌을 지울 수는 없다.

그런데 강렬한 땡땡이 패턴의 호박이 해변 끝에 떡 하니 자리를 잡고 있는 모습이 미술을 잘 모르는 나에게도 자극적이고 강렬했다. 조금은 지루한 느낌의 나오시마에 고카페인 박카스를 한 박스 마신 기분이었다고나 할까? '이것이 바로 예술의 힘이다. 이것이 바로 작가의 힘이다'라는 깨달음이 들었다. 그렇다면 그 점박이 패턴을 고안한 그녀는 과연 어떤 사람일까?

쿠사마 야요이는 1929년 나가노현의 마츠모토시에서 태어났다. 부유한 집안의 사랑스러운 막내로 태어났지만, 그녀의 어린 시절은 그리 행복하지 못했다. 부모님의 사이는 좋지 않았고 아버지의 외면 속에 어머니에게 강한 훈육을 받아야 했다. 날아야 할 새를 새장에 가두면 병들고 만다. 어린 야요이는 늘 답답하고 벗어나고 싶었을 것이다. 어디론가 도망치고 싶었던 그녀는 부엌의 빨간 꽃무늬 식탁보를 응시하다가, 의식과 잠재의식의 경계가 모호해지는 순간 환각 같은 잔상에 휘감겼다. 열 살 때 처음으로 둥근 점들이 온몸을 뒤덮는 환각을 경험했고, 그 이후 그녀의 세계는 점으로 가득 차게 되었다.

"우리 지구는 우주의 수많은 별 중 단지 하나의 물방울 같은 점일 뿐이에요. 물방울무늬는 무한에 이르는 한 방법인 거죠."

이 우주의 무한대를 상징하는 반복과 패턴, 그리고 점점 더 커지거나 작아지는 점들은 '세상은 하나이며 전체'임을 말해준다.

나는 그녀의 인생을 보며 흥미로운 점 하나를 발견했다. 그녀는 제도권 시스템 안에서 극심한 부적응자였다는 것이다. 생각해보면, 성공한 예술가 대부분은 타인의 목소리가 아닌 자신의 목소리를 따른다. 그녀 또한 정신착란 증상을 가진 장애인으로 치부되기도 했다. 마치 곁에서 누군가가 그녀를 조종하는 듯한 인상을 주기도 했다. 하지만 그녀는 누구보다 자신의 내면의 목소리를 잘 듣고 행동했다. 직관에 따라 움직이며 시대를 앞서간 천재였다.

그녀의 해외 여행조차 쉽지 않았던 시대에, 롤모델로 삼았던 조지아 오키프(Georgia O' Keeffe)에게 직접 편지를 보냈고, 도움을 받아냈다. 그리고 어머니로부터 "다시는 일본으로 돌아오지 말라"는 말을 들으며 미국으로 향했다. 그림 2,000점과 기모노 60벌을 챙겨 뉴욕으로 떠난 그녀의 삶은 논란과 이슈 그 자체였다.

그녀를 지금의 자리에 있게 한 데는 여러 가지 요소가 있었을 것이다. 그중 하나는 당시 미국 대통령이던 닉슨에게 공개 편지를 보낸 일이다. 지금으로 치면 가장 강력한 인플루언서를 겨냥한 셈인데, 나는 그 편지 내용에 놀라움을 감출 수 없었다.

<나의 영웅 리차드 닉슨에게 보내는 공개 편지>

우리는 지구의 수백만의 천체 중에서 하나의 작은 물방울과 같습니다. 평화롭고 조용한 하나의 물방울 같은 지구는 지금 증오와 갈등으로 가득 차 있습니다. 당신과 내가 이 모든 것을 바꾸고 이 세상을 새로운 에덴 동산으로 만들고 싶습니다.

사랑하는 리차드여, 우리 자신을 잊고 우리 함께 절대자와 하나가 되어요. 우리가 천국을 날아오르는 동안 우리는 서로 물방울 무늬를 그리며 무한한 영원에서 우리의 자아를 버리고 마침내 벌거벗은 진리를 발견하게 될 것입니다. 폭력을 없앤다는 이유로 더 큰 폭력을 사용해선 안 됩니다.

진심을 담아서 이 편지를 씁니다.

그녀가 태어난 시절은 세계 2차 세계대전, 일본이 전 세계를 향해 총력전을 할 때였다. 그녀는 어린 시절, 낙하산을 만드는 공장에서 일했는데, 일을 못한다는 이유로 폭력을 당하기도 했다. 제도권 안의 그녀는 장애인이고 심한 부적응자였던 것이다.

하지만 그녀는 자신이 필요로 한다면 언제 어디서든 편지를 썼다. 그녀는 강박증 환자다. 그런데 그런 전략성과 행동력은 도대체 어디에서 기인한 것일까?

그녀는 벌거벗은 몸에 점을 그려 넣는 누드 쇼를 기획했다. 파격적인 퍼포먼스는 미국 유명 잡지에 대서특필되었고, 드디어 미국은 그녀를 주목하기 시작했다. 그렇게 그녀는 동양인 여성임에도 〈뉴욕타임즈〉의 표지모델이 된다. 브루클린 다리에서 펼친 퍼포먼스는 그 정점이라 할 수 있다.

자신의 내면을 따를 수 있는 용기, 그리고 행동력. 그것은 이 시대를 살아가는 필수 요소다. 이 지구는 '행동하는 별'이다. 그런 천재들이 모여 있는 곳이 나오시마다. 그들의 영혼이 숨 쉬고, 인생과 정신세계를 표현한 자취를 알게 된다면 여행은 더욱 행복해진다. 왜냐하면 그들이 여기까지 온 이유 자체가, 자기 자신과 운명을 뜨겁게 사랑한 증거이기 때문이다.

그래서 나오시마에 간다면 '호박'을 만나야 한다. 가장 평범한 듯하지만 가장 강력한 인상을 받을 것이기 때문이다. 그러면 그날 밤부터 호박의 잔상이 떠오를 수도 있다. 그럴 때면 입꼬리를 올리며 흐뭇한 미소를 지어보자. "아, 나오시마! 스바라시이(すばらしい)!" 하며 말이다.

걷는 순간 여행 시작, 시코쿠 순례길

'시코쿠는 일본의 소울이다'라는 말이 있다. 소울 메이트로 연결된 동반자들이 과거 성인들의 흔적을 더듬으며 그들의 높은 진동에 가까워지고자 순례한 것이 여행의 시작이라 볼 수 있다. 우리는 왜 물질세계를 살아가면서 영적 성장을 추구하는 것일까? 텅 빈 듯한 공허함, 외로움, 우리 누구 하나 이 단어들에서 자유롭지 않다. 그 이유는 아마 우리가 본래 영적인 존재이기 때문이 아닐까?

시코쿠를 '일본의 정신이 살아 숨 쉬는 곳'이라고 부르기도 한다. 그 이유 중 하나는 88개의 순례소가 있기 때문일 것이다. 일본인들이 가장 좋아하는 숫자가 8이라고 한다. 그래서 그들은 '많다'는 의미로 800만의 신이 있다고 말하기도 한다. 그 8이 두 개 모인 88이라니! 게다가 이런 연결된 숫자는 흔히 엔젤 넘버라고 불린다. 1111이나 2222 같은 숫자가 눈에 들어온다면 그것은 수호천사가 보내는 메시지라고 한다. 그래서 일본을 여행하다 보면 차량 번호판에 엔젤 넘버가 눈에 띄는 경우가 많다. 자연재해가 잦은 섬나라 일본이니, 수호천사의 가호를 기도하는 의미가 아닐까 싶다.

시코쿠 여행의 즐거움은 여러 가지가 있지만, 흰옷을 입고 삿갓을 쓰고 지팡이를 짚으며 경건하게 걷는 순례자들을 마주칠 수 있다는 점이 크다. 그들의 평화롭고 성스러운 마음이 전해지는 것인지, 시코쿠를 여행하다 보면 왠지 모르게 마음이 평온해진다. 스페인에는 산티아고 순례길이 있는데, 흔히 시코쿠 순례길을 '동양의 산티아고'라고 부른다. 일본에서는 순례길을 '오헨로'라고 하는데, 시코쿠 네 개 현에 흩어져 있는 88개 사찰을 방문하는 길이다. '오헨로'라는 말은 '돌고 돈다'는 의미다. 이 길은 일본 진언종의 창시자인 홍법대사(空海)가 대중들에게 설법을 베풀며 다녔던 길이기도 하다.

도쿠시마의 첫 번째 절인 료젠지부터 카가와현의 88번째 절인 오쿠보지까지를 이동하며, 두 다리로 걷는 도중에 우리가 가지고 있는 모든 괴로움과 고통이 사라진다는 것이다. 괴로움이 실체하지 않는 두려움이라는 것을 깨닫는 순간, 인간은 무명에서 벗어나 밝은 광명의 깨달음을 얻는다. 그래서 일생에 한 번은 이 길을 걷고자 시코쿠로 몰려온다. 무려 1200년 동안 이어지고 있는 이 순례길은 완주하는 데 약 2개월 정도가 걸린다.

우리는 왜 걷는가? 호모 사피엔스는 두 다리로 걸어야 살 수 있다. 그래서 몸져눕거나 걷지 못하게 되면 죽음에 이르게 된다. 최소한 두 다리로 걸을 수 있는 여행자들은 이미 행복한 사람들이다.

시코쿠 순례길은 보통 도쿠시마현에서 고치현으로, 그리고 에히메현을 거쳐 카가와현에서 마무리한다. 자연의 아름다움이 있는 도쿠시마에서 시작의 마음을 먹는다. '발심(發心)'한다. 그리고 사카모토의 고향인 고치로 이동한다. 시코쿠 내 가장 큰 평지를 가지고 있는 고치는 걷기에 제격이다. 본격적인 '수행(修行)'이다.

그리고 문학의 향기와 정취가 가득한 에히메를 걸으며 '보리(菩提)'에 취한다. 마지막으로 시코쿠의 가장 작지만, 본토와의 연결점인 카가와에서 우동을 먹으며 마무리한다. '열반(涅槃)'에 드는 것이다. 이 모든 과정을 '발심, 수행, 보리, 열반'이라는 불교 가르침의 큰 네 가지 덕목을 몸으로 체험하며 자신 안의 불성에 불을 밝힐 수 있다.

오랜 시간을 걷는 것은 현대인들에게 쉽지 않다. 걷는 동안 이런저런 생각들이 올라왔다가 흘러간다. 미움, 원망, 후회 같은 부정적인 감정을 흘려보내고, 그 속에 늘 존재하는 내면의 사랑과 다시 연결된다. 몸은 피곤하고 힘들지만, 힘들수록 지금의 편리한 삶이 얼마나 감사한 것인지 깨닫는다. 당연하게 여겼던 모든 일들에 감사의 인사를 전한다. 이미 큰 축복에 감싸여 살아가고 있다는 자각 속에서 기쁨의 눈물이 솟구친다. 그 눈물로 우리의 카르마가 씻기고, 우리는 새롭게 태어난다. 뱀이 허물을 벗듯, 애벌레가 고치를 벗고 나비로 태어나듯 새로이 태어나는 것이다.

3~4일간의 단체 관광을 온다면 보통 야시마 전망대에 간다. 그곳에 오르면 세토내해의 아름다움을 느낄 수 있고, 순례길의 83번째 사찰인 야시마 절이 있다. 우리는 버스를 타고 구불구불한 도로를 올라가지만, 흰옷을 입고 걸어 올라가는 순례자들을 쉽게 만날 수 있다. "이렇게 편하게 버스를 타고 운전해주는 기사님이 계시고, 가이드분까지 대동해서 올라가는 우리는 행복하네요"라며 손님이 넌지시 말씀하신다.

야시마는 산 모양이 평평한 지붕을 닮아 붙은 이름이다. 높은 산이 없는 다카마츠에서는 시내 어디에서든 야시마를 바라볼 수 있다. 야시마에 내려 절로 오르는 길에는 벽화가 있는데, 그것은 간페이 해전의 전투 그림이다. 세토내해 앞바다에서 평씨와 원씨의 해전이 있었다. 귀족사회에서 무사사회로 넘어가는 계기가 되었던 이 전쟁은 원씨의 승리로 끝났다. 그리고 패망한 평씨는 원씨를 피해 산세가 험한 도쿠시마의 산 위로 도망가서 살았다. 그래서 도쿠시마 여행을 가면 저 멀리 산속 깊은 곳에 무리 지은 집들이 촘촘히 박혀 있는 것을 볼 수 있다.

그 의미를 헤아리며 오른쪽을 바라보면 야시마 절로 들어가는 큰 문이 보인다. 88개의 모든 절을 순례하지는 못하지만 경건한 마음으로 들어간다. 바로 앞에 서 있는 미륵 부처님과 보살님들을 지나면 일본의 칠복신상(七福神像)이 보인다. 인간이 현실을 살아가는 데 필요한 복을 일곱 가지 형상으로 표현한 것이며, 그 기운을 가져다 쓰는 것이다.

그리고 이 절은 너구리 음낭상으로도 유명한데, 너구리는 일본에서 유쾌하고 사랑받는 동물이다. 너구리의 음낭은 자유자재로 부풀어 오르는데, 비가 오면 그것을 부풀려서 우산처럼 머리 위에 쓰기도 했다고 한다. 이 너구리는 다산(多産)의 상징이다. 자유롭게 부풀어 오르는 음낭이 강한 에너지를 상징하기 때문이다. 우리는 경건함과 동시에 웃음을 터뜨리며 너구리 음낭을 만져본다. 예상치 못한 너구리의 환대에, 유독 여기저기 너구리 상이 많은 이유를 이제야 알겠다며 고개를 끄덕인다. 그리고 촛불 하나에 불을 밝힌다. 내 마음을 밝히고 세상을 밝히는 촛불이 되라는, 캔들 서비스의 사명을 곱씹어본다.

지치고 힘든 순례자들이 시코쿠를 다니다 보면 오셋타이(お接待)라는 접대를 받는다. 타지에서 넘어온 사람들에게 현지인들이 따뜻한 응원과 격려를 해주는 것이다. 주민들이 따뜻한 차, 음료, 과일 등을 건넨다. 걷다가 마주하는 따뜻한 응대에 다시 한번 사랑과 감사를 느낀다. 서로의 성장을 돕는 따뜻한 모습이다. 사람은 혼자서 살아갈

수 없다. 함께 살아가야 하는 사회적 동물이다. 하지만 진정으로 함께 잘 살아가기 위해서는 그 전에 홀로 설 줄 알아야 한다. 홀로 서서 자신만의 길을 걸어갈 줄 알아야 한다. 그래야 완전한 평온에 이룰 수 있다.

부처님의 경전 《숫타니파타(Sutta-nipāta)》에는 "무쏘의 뿔처럼 혼자서 가라"라는 말이 자주 등장한다. 타인의 기대와 주변의 상황에 휘둘리지 않고, 항상 자신만의 줏대를 가지고 나아가라는 말씀일 테다. 부처님은 식중독으로 입적하셨는데, 마지막 유언이 "자등명(自燈明) 법등명(法燈明)"이었다. 스스로 등불이 되고, 진리의 등불로 당당히 걸어가라는 멋진 말씀이다.

우리는 살아가며 관계에 상처받고 돈 문제에 시달리며 생존의 불안함과 타인에 대한 과도한 기대와 상처로 본연의 밝은 빛을 잃어버린다. 그리고 어둠을 헤매며 부정의 늪에 빠져든다. 한번 늪에 빠지면 혼자의 힘으로 빠져나오기 힘들다. 그럴 때는 타인의 도움이 필요하다. 손을 내밀어주고 잡아 당겨주는 사람들이 있다. 그렇기에 우리는 살아갈 수 있는 것이리라.

순례자들이 있기에 시코쿠는 '일본의 소울'이라 불린다. 그들의 깨달음을 축복하는 마음으로 시코쿠를 걸어보자. 우주의 법칙은 '내가 주는 것이 결국은 내게 돌아온다'는 것이다. 여행하다 삿갓을 쓰고 흰옷을 입은 사람들을 보면 들고 있던 사탕 하나라도 건네보자. 그들의 영적 성장을 돕는다면 나 또한 성장하리라. 내 앞에 있는 사람은 나의 거울이다. 타인의 웃는 얼굴이 나에게 웃을 일로 돌아올 것이다.

그래서일까? 시코쿠 여행은 전혀 피곤하지 않다. 일본의 소울이 충만한 곳, 시코쿠 여행은 전혀 기대하지 않았던 '영적 충만'이라는 뜻밖의 선물로 다가올 것이다.

센과 치히로의 모험 속 도고 온천, 마츠야마

꽃은 꽃이라 불러주었을 때 꽃이 된다. 이 세상의 모든 존재하는 것들은 사람들이 이름을 불러주었을 때 비로소 존재감을 갖는다. 그래서 이름이 중요하다. 나는 손님들께 나를 소개할 때 이렇게 말한다.

"저는 대표 미녀 가이드입니다. 미녀 가이드라고 불러주시는 순간, 점점 더 예뻐지고 있습니다. 미녀 가이드라고 불러주시는 분들은 복 받으실 겁니다."

가이드는 손님들에게 자신을 어떻게 부를지 정해주어야 한다. 그렇지 않으며 '언니', '누구 씨' 등 부르는 사람도 듣는 사람도 혼돈에 빠질 수 있다. 세상에서 전 국민이 가장 친한 나라는 아마 우리나라일 것이다. 길거리나 마트에서든 친근감을 드러내며 "어머니", "언니" 하며 서로를 친근하게 부른다. 어찌 보면 선을 막 넘나든다 할

수 있다. 반대로 일본은 호칭에 대한 선이 분명한 나라다. 남편을 '주인님(主人)'이라 부르고, 손님께는 최고의 존칭인 '오캬쿠사마(お客様)'라는 표현을 쓴다. 연예인 중에서도 최고의 존칭으로 불리는 배우가 있으니 바로 '욘사마'다.

배용준은 드라마 〈겨울연가〉의 히트에 힘입어 일본에서 최고의 한류 스타로 자리 잡았다. 그가 나리타 공항에 도착했을 때, 일본 팬 2,000명이 몰려들었다. 일본 여성들이 한국 배우를 보기 위해 아비규환이 된 것은 당시로서는 놀라운 사건이었다. 심지어 남자 화장실을 여자 화장실로 바꿀 정도로 인파가 몰렸다.

당시 배용준은 NHK의 요청에 따라 드라마 속 헤어스타일과 목도리까지 그대로 한 채 나타났는데, 그를 본 팬들의 환호성은 나리타 공항을 날려버릴 듯했다. 그 과정에서 서로를 밀치다 한 여성 팬이 다리를 다쳤고, 병원으로 긴급 이송되었다. 이에 놀란 배용준도 모든 스케줄을 취소하고 팬의 병문안을 가게 된다. 일본말을 잘 몰랐던 배용준은 팬의 손을 잡고 이렇게 말했다고 한다. "우치노 가조쿠 데스가(うちの家族ですが)…", 번역하자면 "우리 가족이신데 어떡합니까"라는 걱정어린 말이었다.

일본인들은 피를 나눈 가족이 아니면 웬만해서는 가족이라는 말을 쓰지 않는다. 그리고 이 사건은 배용준을 한국 배우에서 일약 욘사마로 등극시켰다. '멋진 배우가 인성도 훌륭한데 우리를 가족이라고 했다'라는 것이다. 그 덕분에 배용준은 상의를 벗고 찍은 화보 한 편으로 4억 원 이상을 받았고, 드라마의 인기에 힘을 입어 한국 현대 자동차 소나타는 1만 2,000대 이상의 판매고를 올렸다. 역시 '가족'의 힘은 대단하다. 우리는 결국 '어떻게 불리고 싶은가'를 좇아 살아간다고 해도 과언이 아니다.

미야자키 하야오 감독의 〈센과 치히로의 행방불명(千と千尋の神隠し)〉은 애니메이션으로는 가장 성공한 작품 중의 하나다. 아카데미 장편 애니메이션상을 수상했고, 재패니메이션의 인기를 선도했다. 미야자키 하야오 감독의 매니아 팬층을 탄생시켰고, 재정 문제로 허덕이던 지브리에도 큰 수익을 안겨준 작품이기도 하다. 〈센과 치히로의 행방불명〉은 신의 세계로 들어가 자신의 이름을 잊어버린 두 주인공이 각자의 이름을 기억해내며 본래의 세계로 돌아가는 이야기다. 치히로는 신의 경계를 넘어가면서 부모님이 돼지로 변하고, 신의 세계에서 존재하기 위해 온천장에서 일을 하게 되는데, 언뜻 보면 아방궁 같기도 한 그 멋진 온천이 바로 마츠야마에 있는 일본의 가장 오래된 도고 온천이다.

마츠야마에 여행을 온다면 반드시 도고 온천을 들러야 한다. 도고역은 마츠야마역에서 내려 노면전차를 타고 이동할 수 있다. 마츠야마에 온다면 꼭 노면전차로 도고 온천까지 이동해보자.

마츠야마는 그 이름도 사랑스러운 에히메현의 현청 소재지다. 인구는 50만 정도로, 시코쿠에서는 가장 사람이 많이 모여 사는 곳이다. 마츠야마는 일본의 국민 작가 나츠메 소세키(夏目漱石)가 《봇짱》을 쓴 곳으로도 유명하다. 나츠메 소세키는 영국 유학을 마치고 일본으로 돌아와 정신적 우울을 겪게 되는데, 그때 자신의 치료를 위해 쓴 소설이 《나는 고양이로소이다》다. 처녀작에 이어 두 번째 책이 바로 《봇짱》인데, 그가 마츠야마의 중학교 교사로 부임하면서 쓴 작품이다.

마츠야마역에서 내리면 바로 마츠야마성이 보인다. 마츠야마성은 '일본의 가장 아름다운 성' 3위에 뽑힐 정도로 수려한 경관을 자랑한다. 성곽 구조가 오밀조밀하고 균형을 이루어 마츠야마의 분위기와 조화롭게 어울린다. 1602년에 가토 요시아키(加藤 嘉明)가 축성을 시작해 20년에 걸쳐 만든 성으로, 해발 132m의 가츠산 정상에 세워졌고 천수각은 중요문화재이기도 하다. 마츠야마성은 밖에서 바라보기만 해도 충분한 볼거리가 된다.

대부분의 교통수단이 노면전차인데, 전차를 타는 순간 마츠야마성을 빙 둘러 이동하는 동선이 마치 관광열차를 탄 기분을 준다. 마츠야마의 상징처럼 우뚝 선 마츠야마 성을 바라보며 노면전차를 타고 도고 온천으로 향하는 길은 마치 시간 여행을 하는 느낌이다. 마츠야마의 명물은 단연 '봇짱 열차'다. 봇짱 열차는 1888년부터 마츠야마인들의 발이 되어준 소형 증기기관차를 복원한 것으로, 도고 온천까지 달리며 일본에서 가장 오래된 도고 온천을 즐기는 기쁨에 더해 나쓰메 소세키의 문학 세계에 흠뻑 빠져드는 낭만까지 선사한다.

예전에 사무라이들은 칼 두 자루를 차고 다녔다. 유일하게 칼을 빼고 휴식하는 공간이 온천이었다. 온천에는 여자들만 들어올 수 있었는데, 그래서 온천에서는 남탕도 여자들이 들어와 청소와 정리를 한다. 일본의 온천은 남녀 혼탕을 하는 경우도 많다. 우리는 남녀칠세부동석의 유교 관념이 강하기에 강한 거부감이 존재한다. 그러나 일본은 온천이 병자를 치료하는 치유의 개념이기에 요양병원들이 온천가에 위치하기도 한다. 일본은 동남아처럼 마사지가 발달되어 있지 않다. 바로 온천이 있기 때문이다.

온천에는 광물 온천, 식물 온천 등 다양한 종류가 있다. 열한 가지 이상의 미네랄 성분 중 다섯 가지 이상이 들어 있으면 온천수로 인정받는데, 인체의 농도보다 높은 경우가 많다. 그래서 온천욕을 할 때는 반드시 물 두 잔 이상을 마신 후 들어가야 한다. 물을 마시지 않고 들어가면 탈수 증세가 올 수 있기 때문이다.

우리 몸은 온천수에 담그는 것만으로도 노폐물이 빠져나간다. 그리고 담갔다가 나온 뒤 몸을 말리는 과정에서 좋은 성분이 피부로 흡수된다. 그래서 일본 사람들은 목욕 후 수건으로 몸을 닦는 대신 자연스럽게 말린다. 전통 온천장에는 아예 수건이 없는 경우도 많다. 만약 방에서 수건을 가져오지 않았다면, 온천수가 다 마를 때까지 기다리거나 입고 있는 옷으로 닦아야 한다.

일본에는 '온천 박사'가 있는데 각 온천장은 정기적으로 온천수의 점검을 받아야 한다. 일본에서 가장 오래된 온천인 도고 온천은 무려 3,000년의 역사를 자랑한다. 지금의 온천 건물은 모모야마 양식이 유행하던 1894년에 지어진 것이다. 나츠메 소세키도 자주 찾았던 이 도고 온천이 세계적으로 알려지게 된 것은 미야자키 하야오 감독 덕분이다. 무엇이 감독의 마음을 그렇게 사로잡았을까?

도고 온천에 방문하면 우선 개별실에서 유카타로 갈아입고, 간단한 다과를 즐기도록 안내받는다. 세심하게 배려하고 수발을 들어주는 여인들이 있어 잠시나마 귀족이 된 듯한 기분을 맛본다. 온천장 자체는 결코 화려하지 않다. 일본은 좋은 온천일수록 돌과 나무밖에 없고, 그 흔한 샴푸조차 구비되어 있지 않는 경우도 많다. 진짜 좋은 물은 모든 것을 씻어내고 정화한다. 다른 힘이 필요 없다. 본연의 물의 힘으로만 승부한다. 온천물에 몸을 담그는 순간, 미끈하고 부드러운 느낌에 온몸의 피로가 녹아내린다. 몸과 마음이 날아갈 듯이 가벼워진다.

가벼운 몸과 마음으로 도고 온천 근처의 호조엔에 들러 보자. 이곳에는 매시 정각이면 '봇짱 시계'가 열리며, 소설 속의 봇짱과 마돈나 같은 인물들이 시계 속에서 모습을 드러낸다. 흘러넘치는 온천수 덕분에 마련된 무료 족탕에 발을 담그고, 작은 공연을 즐기는 것도 색다른 재미다. 아이처럼 순수한 마음으로 인형을 바라보다 보면 어느새 웃음이 배어나온다. 이후에는 온천 거리인 '도고 하이카라도리'를 산책해보자. 도미로 유명한 마츠야마다운 스시집과 생선 요리집이 가득하다. 어느 집에 들어가도 중타 이상은 보장된다. 또 다양한 군것질거리가 옹기종기 모여 있는 상가촌을 거닐다 보면, 군침을 삼키며 무엇을 먹을까 행복한 고민을 하게 된다.

〈센과 치히로의 행방불명〉에서 마지막에 주인공들이 자신의 이름을 되찾았듯, 여행은 결국 '진짜 자신'을 만나게 하는 과정이다. 자신의 이름, 성격, 장단점까지 여행길에서 마주하게 된다. 그래서 여행은 자기 자신과 함께하는 시간을 즐길 수 있어야만 행복하다. 일본에서 가장 오래된 온천에서 몸과 마음에 덕지덕지 붙은 오물들을 씻어내보자. 주인공들이 이름을 기억해내고 마법에서 풀려났듯, 우리 또한 진정한 자신을 기억해내고 사랑하는 여행을 만들어갈 수 있을 것이다.

섬나라 속 신비로운 섬마을

임 상은 시코쿠에서 활동하는 현지 가이드로, 30년 차 시코쿠살이를 하고 있다고 한다. 부부는 작은 차를 빌려서 10명 이하의 소규모 그룹이 올 경우 인솔 업무를 하고 있다. 시코쿠는 대규모 인원에 대형버스로 투어하는 경우가 많지 않다. 20명 이상의 그룹 관광객이 온다면 오사카나 나고야 같은 본토에서 대형버스를 수배해서 불러와야 할 것이다. 그래서 공항 풍경도 소소하다. 대도시들에서 흔히 볼 수 있는 전 세계 각지의 관광객을 기다리는 버스들이 즐비하게 세워져 있는 모습이나, 번호판을 꼼꼼히 확인하고 버스에 탑승해야 하는 번거로움이 시코쿠에서는 없다고 봐도 된다. 손님이 다른 버스에 탑승한다든지 손님을 빠뜨리고 출발한다든지 하는 생각만 해도 오싹한 일들이 시코쿠에는 없다.

그렇다면, 임 상 부부는 왜 하필 이 작은 섬에서 현지 가이드 일을 하고 있을까? 예전에는 수요가 많지 않았지만, 요즘은 소도시 여행의 인기가 높아지면서 부쩍 바빠졌다고 한다. 마이크로버스를 마련해 골프 투어나 소규모 맞춤 여행까지 다양한 손님을 안내하고 있다. 부부의 집은 콘피라에 있는데, 높은 건물 하나 없는 시골 마을에 일본 전형의 2층 목조 가옥들이 드문드문 모여 있는 조용한 집이었다.

'임 상은 시코쿠의 삶에 만족하고 있을까?', '사람들의 텃세는 없었을까?' 궁금하기도 하고 걱정도 되었다. 사실 우리가 일본에 가서 현지 가이드들을 만나는 일은 거의 없다. 하지만 몸살이 나거나 손님이 급작스럽게 사고를 당했을 때 우리는 급히 현지 가이드들을 수배한다. 일본은 인건비가 비싼 나라다. 일이 정기적으로 있기만 하다면, 그들의 수입도 그리 나쁘지는 않을 것이다.

임 상은 우연히 시코쿠에 오게 되었는데 도쿠시마의 아름다움에 반해 정착하기로 했다고 했다. 지금은 임 상 부부의 집이 한국 문화원의 역할을 하고 있다고 한다. 정기적으로 김치 만들기 체험도 하고 사람들과의 교류 속에서 즐겁게 살아가고 있다는 그의 말에 나는 안심했다. 전 세계를 다니면서 현지 가이드들을 만나면 왠지 모를 공허감과 외로움이 그들을 사로잡는다는 말을 듣고는 한다. 그래서 안쓰럽기도 하다. 그리고 한국에 살면서 출퇴근을 하듯 일할 수 있는 일본이라는 나라에 고마움을 느끼기도 한다.

시코쿠는 일본 내에서도 작은 섬으로 여겨진다. 세토 내해를 사이에 두고 본토와 이어져 있지만, 섬이라는 특성 때문에 때로는 단절되고 고립되기도 한다. 게다가 산악지대도 많아 시코쿠 안에서조차 이동이 쉽지 않다. 그래서 시코쿠 관광은 가장 유행하기 어려운 편일지도 모른다. 그렇기에 시코쿠인들은 타지 사람들이 시코쿠를 찾아와 주는 것을 대단히 좋아한다. 콧대 높은 대도시에서 손님을 귀찮아하는 풍조와는 정반대다. 겸손하기 그지없는 시코쿠 사람들은 전 세계에서 오는 이들을 적극 환영한다. 일본 안에서도 마이너한 시코쿠를 찾아주는 것이 더없이 감사할 따름이다. 그래서 공항에서는 호텔까지 셔틀을 갖추고 있는 경우가 많고, 호텔 직원들은 한국어를 공부할 정도로 손님맞이에 적극적이다.

나는 아홉 분의 손님을 모시고 운 좋게 임 상의 안내를 받으며 관광을 했다. 내가 있고, 또 현지 가이드인 임 상이 있는 것이다. 임 상에게 마이크와 운전을 맡기고, 오랜만에 관광객 모드로 들어선 이 행운에 감사했다. 그런데 그 감사의 마음은 오래 가지 않았다. 늘 앞서 주도적으로 일을 해왔던 내가 가만히 앉아 있으려니, 엉덩이가 근질근질하고 입이 근질거려 참을 수가 없는 것이다. 요즘은 2인자의 시대라고들 하지만, 1등과 2등의 차이는 생각보다 크다. 타고난 성격상 2인자로 만족하지 못하는 나는 어느새 임 상의 안내를 들으며 이것저것 판단을 하고 있었다. 역시 여행은 작은 나를 발견하는 게 제맛 아니던가!

임 상과는 도쿠시마의 오보케고보케를 들러 유람선을 타고, 그 지역의 명물인 은어를 맛보았다. 시코쿠에서 가장 험준한 산맥지대인 도쿠시마는 시코쿠 안에서도 손꼽히는 수려한 경관을 자랑한다. 카가와의 우동으로 시작해 야시마 절의 오헨로상(お遍路さん, 순례자들)을 만나고, 나오시마에서 꿈과 예술에 취했다면, 이제는 시코쿠의 자연에 흠뻑 빠지는 것이다. 시코쿠의 아름다움은 단체 여행으로 오더라도 실컷 맛볼 수 있다.

일본의 3대 비경이 시코쿠에 있을 줄이야! 가는 길은 연록색의 영롱한 계곡물이 마치 사파이어가 반짝이는 듯하다. 소리 나는 돌로도 유명한 채석 산지가 많고, 채석장으로도 유명한 시코쿠는 섬 전체가 일본과는 다른 돌산들로 이뤄진 것이 특징이다. 화산지대로 연결된 일본 본섬에서 운 좋게 벗어난 듯, 시코쿠는 일본의 100대 명산 츠루기산에서 시작된 이야(祖谷) 계곡물이 흘러넘친다. 도쿠시마에서 시작해 시코쿠 중앙에 위치한 국정 공원은 시코쿠의 한 축을 형성하며 관광객들을 유혹한다.

섬나라 일본에서도 섬나라인 시코쿠는 도로의 발달이 가장 늦었다. 그래서 예전에는 다리를 놓고도 조심조심 걸어 다녔는데, 그 길이 얼마나 험준했는지 "큰 걸음으로 걸어도 위험하고 작은 걸음으로 걸어도 위험하다"라는 뜻에서 '오보케 고보케(大歩危 小歩危)'라 불렀다. 일본에서는 좀처럼 보기 힘든 험준하고 좁고 가파른 계곡이다.

'오보케 고보케'에 가기 전, 우리는 이야 계곡의 상징과도 같은 가츠라바시(かずら橋)에 간다. 가츠라바시는 이야 계곡을 연결하는 흔들다리로, 밑에 흐르는 계곡물이 보이다. 넝쿨을 얽어 만든 듯한 투박한 모습이 신기하기도 하고 무섭기도 하다. 그래서 우리는 생각지도 못한 담력 테스트를 하게 된다. 가는 길에는 은어를 통째로 꼬쟁이에 끼워서 팔고 있는 노점이 있는데, 우리는 다리를 잘 건넌 후에 은어를 통째로 뜯어 먹자는 다짐을 해본다.

가츠라바시는 길이 45m, 폭 2m로, 계곡 위 15m 높이에 놓여 있다. 다래나무로 만든 일본 3대 가교 중 하나로, 과거에는 유일한 이동 통로였다. 교통이 발달하지 않았던 산악지대에서 다리는 곧 생명 줄이었다. 이야 지역을 순례하던 도중 홍법대사가 만들었다는 설, 12세기 내전 당시 적을 피해 쉽게 끊어내려 나무로 만들었다는 설도 전해진다. 하지만 내 눈에는 신기한 넝쿨 다리로 보였다. 《잭과 콩나무》가 떠오르기도 했다. 그러나 다리 위에 올라선 순간, 한걸음 전진하는 게 쉽지 않다. 밑이 훤히 뚫려 있는 데다가 흔들흔들 움직이기 때문에 웬만한 담력으로는 다리를 건너는 게 쉽지 않다. "밑을 보지 마!" 하고, 서로를 다독이면서 "역시 고생은 사서 하는 거야!"라는 말로 서로를 격려한다.

임 상은 일정에 없지만 특별한 볼거리를 보여주겠다고 했다. "역시 시코쿠는 도로가 불편한 게 제맛이야!"를 외치며 계곡의 좁은 길을 마주 오는 차와 서로 비켜주며 이야 계곡의 절경을 보러 간다. 그리고 도착한 곳에서 나는 입을 쩍 벌리고 말았다. 아슬아슬한 계곡 위에, 한 소년이 오줌을 누고 있는 게 아닌가! 절벽길을 200m쯤 갔을까, 그 끝에 오줌 누는 소년 동상이 있었다. 배를 불룩 내밀고 있는 다섯 살쯤 아이의 모습은 귀엽지만 동시에 위험해 보였다. 옛 시코쿠인들은 여기서 담력 테스트를 했다고 하는데, 시코쿠인들의 기질을 엿볼 수 있었다.

시코쿠인들은 본토인들에 비해 체격이 크고 용맹하다고 한다. 세토내해의 간페이 전투에서 패한 평씨는 도쿠시마로 숨어들었다. 가장 험준한 지역에 터를 잡고 숨어 살았던 그들에게 용맹함은 생존 그 자체였을 것이다. 그 후손들이 사는 시코쿠는 그래서 일본의 가장 작은 섬이지만 큰 기상이 느껴지나 보다.

우리는 이번 여행의 하이라이트인 계곡 유람선을 탔다. 거친 물살 때문에 앞으로 나아가기 쉽지 않다. 사파이어의 물빛에 놀라면서 마치 하이재킹을 당한 듯한 짜릿한 설렘을 느꼈다. 계곡 사이로 불어오는 바람을 맞으며 유람선을 마치고 올라오면, 미처 보지 못했던 장면을 마주친다. 선물 가게 안에 전 세계 국기가 걸려 있는 것이다. 특히 대만과 한국이 많다. 시코쿠를 가장 사랑하는 나라 중 하나인 한국인에 대한 호의가 물씬 느껴진다. 손님들과 찍은 사진 등이 걸려 있는데, 보는 것만으로도 마음이 따뜻해진다.

도쿠시마 여행은 시코쿠 자연의 신비로움을 만끽할 수 있다. 어떻게 그 험준한 곳에서 삶을 이어왔는지, 계곡물이 어쩌면 그토록 영롱한 빛을 띨 수 있는지…. 섬나라 안의 또 다른 신비로운 섬, 도쿠시마는 시코쿠 여행의 백미다.

춤추고 노래하고 사랑하라

쿠페는 정신과 상담의다. 그의 주 고객층은 부유하고 성공한 영국인들이다. 그런데도 그의 병원은 손님이 끊이지 않는다. 돈과 명예를 모두 갖춘 신사·숙녀가 많은 영국이지만, 그들이 꼭 행복하다고 느끼지는 않는 듯하다.

나는 지금 '일본 소도시 여행을 가장 행복하게 하는 방법'에 대해 쓰고 있지만, 실은 여행을 떠나와야 행복한 건 아니다. 내면이 행복해야 여행을 떠나와도 행복한 법이다. 이 단순한 이야기를 나는 지금 굉장히 긴 지면을 할애해서 이야기하는 것인지도 모른다. '너무나 당연하고 단순한 이야기를 굳이 할 필요가 있나?' 할지도 모르지만, 우리 인간은 너무나 쉽게 두려움과 불안이라는 프로그램에 사로잡히기 때문에 행복을 화두로 한마디라도 더 거드는 편이 우리의 집단의식

상승에 도움이 되지 않을까 싶어 굳이 이렇게 이야기하는 것에 정당성을 부여하고자 한다.

쿠페 씨 또한 행복을 찾기 위해 병원을 휴직하고 자신의 일상을 떠나 여행을 시작한다. 무언가를 찾기 위해 인간은 어딘가로 이동해야 하는 것이 숙명인가 보다. 저 멀리 항해를 떠나고, 모험을 떠나고, 완전히 새롭게 시작하기 위해 머물렀던 곳에서 이동하는 것이다. 타로 카드의 0번 카드는 바보, 순수, 시작을 의미하는데, 배낭 하나를 가볍게 메고 여행을 떠나는 것은 꽤 의미심장하면서도 가볍고 즐거워 보인다. 어찌 보면 가볍고 즐거운 것이 행복의 조건 아닐까?

쿠페 씨의 행복의 결론은 '노래하라, 춤추라, 사랑하라'이다. 행복도가 높은 부탄의 경우를 보더라도 서로 도우며 순박하게 살아가는 그들의 표정은 평온하고 즐거워 보인다. 그렇다면 우리는 행복과 관계없는 돈, 명예, 권력을 위해 왜 그렇게 치열하게 싸워온 것일까? 노래하고 춤추고 사랑하는 데는 큰돈과 힘이 필요하지는 않은데 말이다. 영화 〈먹고 기도하고 사랑하라〉에서 주연 줄리아 로버츠(Julia Roberts) 또한 자기 인생의 중요한 부분들이 다 무너져 내린 뒤 여행을 떠난다. 식문화에 가장 고집스러운 이탈리아에 가서 맛있는 파스타와 피자, 와인을 먹고, 내면의 신을 찾기 위해 인도에서 명상하며, 발리에서는 낯선 사람과 사랑에 빠진다.

명리학에서는 큰 대운이 찾아오기 전에 우리가 가진 것들이 산산히 부서지는 듯한 경험을 한다고 한다. 어디에나 시련의 순간은 있기 마련이다. 그러나 그 고비를 넘기며 나아갈 때, 신의 선물 같은 깨달음이 우리를 기다린다.

그러니 '어떻게든 되게 되어 있다'는 믿음으로 몸과 마음을 편히 하고 춤과 음악에 몸을 맡기고 영혼까지 맡겨보면 어떨까?

시코쿠 도쿠시마 여행의 정점은 도쿠시마 시내로 들어가 아와오도리 춤을 배우는 것이다. 아와오도리는 일본의 대표 전통춤으로, 일본 내 가장 큰 춤판이 시코쿠 도쿠시마현의 인구 26만 명의 작은 도시, 도쿠시마시에서 펼쳐진다. 8월 12일부터 15일까지 4일 동안 대규모 춤판이 열리는데, 무려 연간 130만 명의 인파가 몰려든다. 인산인해의 물결에 몸을 맡기면 영혼이 하나로 연결되는 강력한 짜릿함을 느낄 수 있다. 그 뜨거운 여름에 사람들이 몰려드는 이유일 것이다. 비록 축제 기간에 맞추지 못하더라도, 우리는 춤을 배우기 위해 입장권을 끊어본다.

입장권을 끊고 아와오도리 회관에 앉아 기다린다. 약 100명 내외가 앉을 수 있는 규모다. 흥겨운 분위기보다는 차분하고 정숙하다. 잠시 후 조명이 켜지고 안내자와 함께 악기를 든 연주단이 먼저 입장한다. 피리, 샤미센, 북, 징으로 구성된 악기단은 마치 우리나라 사물놀이패를 연상시킨다. 단원들은 한 명씩 인사를 하고 각자의 악기

를 연주한다. 도쿠시마에는 '렌(連)'이라는 춤 모임이 있는데, 지역 소속의 렌 그룹이 나와 공연을 보여준다. 여자와 남자의 춤이 약간 다른데, 손과 발의 움직임이 박자에 맞춰 반복된다. 그리고 가장 중요한 것은 몸을 움직이면서 구호를 외치는 것이다. "얏토샤(ヤットサー)", "얏토 얏토(ヤットヤット!)"라는 추임새를 넣는데, 이는 "오랜만이야. 잘 지냈어?"라는 의미다.

여자들은 머리에 부채 같은 모자를 쓰고 있는데, 마치 밭에서 일하다가 힘들면 그 모자를 부채로 쓰지 않았을까 싶을 정도의 반으로 접힌 부채 모양이다. 옷은 유카타를 입었는데, 왼쪽이 위로 오게 여민다. 좌우라고 하듯이 절을 할 때도 왼손을 위로 한다. 신발은 나막신인 게타다. 비가 자주 오는 일본에서는 나무로 만든 나막신인 게타를 신는다. 유카타에 게타를 신고 있는 모습은 일본스럽고 아름다워 보이지만, 실은 걷는 것조차 불편한 복장이기도 하다. 다리의 폭을 크게 벌리기도 어렵고 '다닥 다닥' 걸어가야 한다. 그런데 무용단들은 그 게타를 가지고 노는 듯하다. 마치 우리가 어린 시절 스카이 콩콩을 타고 놀았던 것처럼, 게타 위에서 그들은 자유롭다.

일본은 섬나라다. 도망갈 곳이 없는 한정된 공간에 모여 살아야 한다. 특히 시코쿠는 본토에서도 떨어져 있고 서쪽으로는 망망대해의 태평양이 펼쳐져 있다. 그래서 더욱 서로를 챙기며 춤추는 문화가 발달한 것일까? 일본 사람들은 유독 인사성이 좋고 매너가 좋은 경우가 많은데, 아와오도리 덕분이 아닐까 생각해본다. 누구나 따라할 수 있을 정도로 단순한 동작에 안부 인사로 구령을 붙인다. 춤까지도 친절이 배어 있는 일본이다. 밸리 댄스나 브레이크 댄스처럼 기교도 없고 화려하지도 않다. 서 있을 힘만 있으면 누구도 출 수 있다. 이렇게 난이도가 낮은 춤이기에 모든 이들이 손쉽게 참여할 수 있다. 남녀노소를 막론하고 무리에 무리를 지어서 대규모의 군중 춤이 된다면, 그 어떤 춤과도 비교할 수 없을 만큼의 감동이 밀려온다. 모두가 하나로 연결되는 그 감동스러운 순간을 느끼기 위해 전 세계에서 사람들이 몰려드는 것이리라.

'렌'의 춤 공연이 끝나고 나면 춤을 배우는 시간이다. 손 동작, 다리 동작이 엇박자로 움직이는 동작을 배우면서 고개를 갸우뚱거려본다. 그러다 마지막에는 사람들을 무대로 유인해 큰 원을 돌면서 함께 춤을 춘다. '춤추는 바보와 보는 바보, 같은 바보라면 춤추지 않으면 손해야 손해!'라며 흥을 돋구어준다. 각지에서 모여든 외국인들이 함께 원을 그리며 춤추는 모습을 바라보다 보면, '춤이 중요한 게 아니야! 함께하는 것이 중요한 거야!'라는 것을 문득 깨닫게 된다. 우리를 가장 괴롭게 하는 것은 단절감이고, 우리를 가장 행복하게 하는 것은 연결감이라는 사실처럼 말이다.

춤을 추다가 가장 춤을 잘 춘 사람에게는 꽃다발을 선물로 주는데 은근히 누가 받을지 궁금해진다. 의의로 한국 손님이 꽃다발을 받는 일은 좀처럼 없다. 풍류 문화로는 둘째가라면 서러울 우리나라가 왜 못 받을까? 아! 술이 한잔 들어가야 하는데 말이다. 아니면 버스가 아니라서일까?

상을 타는 사람들을 보면 외국인들이 의외로 많다. 그들의 특징은 춤을 출 때 표정이 즐겁고 천진하다는 점이다. 손동작, 발동작도 자연스럽다. 반면 한국인들은 체면을 중요하게 생각하는 경향이 크다. 그래서 남들 앞에서 춤을 출 때 타인의 시선에 민감하다. 그러다 보니 자연히 손동작, 발동작이 경직되어 어색하다. 그리고 무엇보다 표정이 굳어 있다. 여행을 와서 조금씩 풀리긴 하지만, 여전히 화난 듯한 표정이거나 '열심히 잘해야지!' 하는 긴장된 표정으로 춤을 춘다. 그래서 꽃다발을 받지 못하는 게 아닐까 싶다.

그러면 어떠한가. 우리나라가 이만큼 잘살게 된 것은 '빨리빨리'를 외치며 열심히 살아온 아버님, 어머님 세대 덕분일 터다. 인생의 황혼기에 접어들어 희끗희끗한 백발에 멋진 의상을 입고 우아하게 춤추는 모습은 인생의 여정을 잘 헤쳐온 증거일 테다. 인간 삶의 아름다움 그 자체이리라. 그래서 도쿠시마에 왔다면, 춤추자, 노래하자, 사랑하자.

소도시 여행법

　영화 〈대도시의 사랑법〉은 '미친년'이라 불리는 재희와 동성애자인 흥수의 동거로 시작한다. 대도시는 원래 그렇게 상식에 벗어난 듯 자유분방하고, 터부와 금기에 대해 관대한 곳인가 보다. 고리타분하고 따분하지 않게 사랑하는 것, 그것이 대도시의 사랑법일까? 하지만 대도시에서 사랑을 배우는 그들이지만, 결국은 소도시의 다른 이들과 다를 것 없는 스무 살의 풋풋한 청춘일 뿐이다. 대도시와 소도시를 나누는 것은 무엇인가? 우리는 왜 끊임없이 비교하고, 한계를 짓고, 딱지 붙이기를 좋아하는 것일까? 대도시건 소도시건 여행자에게는 모두 낯설고 설레는 곳인데 말이다.

　아침 햇살이 가득 쏟아지고, 영어로 떠드는 소리가 식당 가득 울려 퍼진다. 아시아인, 동양인, 라틴계, 게르만계… 다양한 인종의 젊은 얼굴들이 아침부터 무엇이 그리 즐거운지 텐션 좋게 떠들어댄다. 대도시 여행의 호텔 아침 식당 풍경이다. 머리색, 인종, 눈동자 색은 모두 다르지만 단 하나 닮은 점이 있다. 바로 그들의 밝고 싱그러운 얼굴 표정이다. 그들은 어떻게 만나게 되었을까? 아침 식사를 마치 파티처럼 즐기는 그들의 여유와 에너지는 도대체 어디에서 오는 걸까?

그래서 우리는 대부분 대도시를 선호한다. 대도시는 젊고, 활기 있고, 에너지가 넘친다. 분주하고 바쁘게 돌아가며 먹을거리, 볼거리 살거리 등이 넘친다. 전 세계 사람들이 흥미진진한 얼굴로 환희의 탄성을 질러댄다. 그들을 만나고 바라보는 것만으로도 대도시 여행은 충분히 맛이 난다. 전혀 모르는 낯선 이들이 하룻밤 사이 사랑에 빠져버릴 듯, 화려하게 빛나는 낭만적이고 로맨틱한 야경도 있다. 알게 모르게 우리는 대도시를 여행하며 운명의 상대를 만나는 행운을 은근히 기대하기도 한다.

인생학교의 《나를 채우는 여행의 기술》에 이런 글귀가 있다.
"우리가 여행을 망치는 이유는 자기 자신을 데려오는 버릇을 고치지 못했기 때문이다".

우리는 여행을 떠날 때 상상 속의 달콤함만을 꿈꾸며, 낭만과 로맨틱한 장면들을 떠올리며 행복해한다. 하지만 일본의 어떤 멋진 정원을 간들, 결국 크게 다가오는 것은 낯선 풍경이 아니라 내 자신이다. 그렇기에 진정으로 새로운 곳에 몰입하는 일은 생각만큼 쉽지 않다. 사실 "여행은 짐 부치기 전까지가 가장 행복하다"라고 말한 적이 있다. 짐을 부치고 난 후에는 기다림의 연속이고, 여행지의 설렘보다는 오히려 나 자신이 더 크게 다가오기 때문이다.

짜증, 후회, 분노, 자책감 등 어디를 가든 싫다, 좋다, 혹은 실망이나 만족이라든지 하는 분별이 작용하는 순간, 나 자신과의 동행이 시작되는 것이다. 실은 여행업에 종사하는 나 또한 알고 있다. 여행은 결국은 자기 자신을 버릴 수 없기에 어느 곳을 가더라도 불만, 짜증이 따라다닐 것이다.

그렇다면 이렇게 반문할 수도 있을 것이다.
"언제는 나를 찾는 여행을 떠나라 하더니, 이제는 자기 자신을 버리고 와야 한다는 것인가? 그게 과연 가당키나 한 말인가?"
오춘기에 접어든 당신이라면 충분히 반문할 수 있다.

소도시 여행의 장점을 꼽자면 무엇이 있을까? 우선 공항이 주는 조용함이 있다. 대도시 공항의 경우, 전 세계에서 몰려드는 입국자를 가려내느라 입국 심사 직원들의 표정은 딱딱하고 피곤에 지쳐 있다. 입국장의 안내자들은 밀려드는 여행자들을 마치 거대한 잉어 떼라도 몰 듯, "이리 가라, 저리 가라" 몰아대기 바쁘다.

일본을 처음 만나는 여행객들에게는 그것이 그 나라의 첫인상처럼 다가와 김이 새어버릴 수도 있다. 직원들에게 괜히 기분이 상할 수도 있다. 이미 새벽부터 잠을 설치고 비행기 안에서 선잠을 잤다가 일본에 첫발을 내딛는 순간 이런 느낌을 받게 된다면, 그 자리에서 그냥 확 다시 돌아가고 싶은 심정이 들지도 모른다.

하지만 소도시는 다르다. 공항에 도착하면 한산한 경우가 많다. 손님이 많지 않기에 직원들도 친절하고 정중하다. 일본 특유의 간장 내음과 느릿한 풍경은 낯선 곳에서의 긴장감을 풀어주기에 충분하다. "그래, 이거야! 오길 잘했어!" 하며 소도시를 선택한 자신을 칭찬하게 된다. 소도시에 사는 이들은 대체로 그 지역의 유지인 경우가 많다. 조금 보수적이고 깐깐하지만 소박한 일본인 특유의 정서를 느낄 수 있다. 대대로 살아오며 자신이 지역을 지켜온 터줏대감임을 자랑하는 이들도 많다.

일본 소도시의 풍경은 주변 경관에 맞추어 아기자기하다. 5층 이상 건물을 지으려면 허가를 받아야 하기에, 들쑥날쑥 높은 건물은 거의 없고 대부분 2층 주택이다. 비가 잦고 습도가 높은 일본은 1층은 거실, 2층을 침실로 쓰는 경우가 많다. 목조 주택과 다다미 방이 흔하며, 햇빛이 오래 들지 않도록 커튼을 치는 집이 많다. 남의 시선을 꺼리고 흠 잡히는 것을 싫어했던 일본인들이라, 집 외부는 언제나 정갈하고 깨끗하다. 더러운 것은 신이 싫어하는 것, 부끄러운 것이라

여겼기 때문이다. 그래서 인적이 드문 깊은 계곡의 시골 마을을 가더라도 너저분한 풍경을 보기 어렵다.

대신 소도시는 고령자 운전자들이 많기 때문에 도로에서 운전할 때는 특히 조심해야 한다. 일본의 차는 소형자는 노란색 넘버, 중형차는 흰색 넘버, 영업용 차는 녹색 넘버를 달고 있다. 그리고 70세 이상의 고령 운전자들은 네 잎 클로버 마크를 붙여야 한다. 일본은 차를 구입하면 처음 일 년간은 새싹 마크를 붙여야 한다. 한때는 고령 운전자에게 낙엽 마크를 붙이도록 했는데, 일본 고도성장기의 혜택을 많이 누린 베이비부머 고령 운전자들이 "우리가 낙엽이냐!"라며 반발했다고 한다. 그래서 지금은 네 잎 클로버 마크를 사용하게 되었다.

또 일본 차량은 75% 이상의 투명도를 유지해야 한다. 연예인 차량처럼 짙게 선팅하면 경찰에 걸리는 즉시 뜯겨나간다. 덕분에 운전자의 얼굴과 표정까지 보인다. 가르마가 5:5인지 7:3인지도 구분할 수 있을 정도다. 그래서일까, 클랙슨 소리를 듣기 어렵고 추월이나 과속 운전도 좀처럼 보기 힘들다.

소도시를 여행할 때는 자기 자신과 어울리는 방법을 터득해야 한다. 만약 자기 자신과 마주하는 것을 피하려 하고 보고, 사고, 먹는 것에서만 여행의 즐거움을 찾으려 한다면 반드시 실망할 것이다. 소도시 여행은 결국 진정한 자신과 만나는 시간이다. 우리가 명예나 권력, 영향력을 원한다 해도 이는 결국은 인정과 사랑을 받고 싶어서다. 그런데 가장 큰 응원군은 다름 아닌 나 자신이다. 있는 그대로의 나를 인정하고 사랑할 수 있다면, 일상의 소소한 순간조차 행복이 된다.

무엇보다 먼저 내가 나를 인정하고 사랑해야 한다. 나의 열렬한 응원단장이자 구세주는 바로 나 자신이어야 한다. 자기긍정감과 함께 소도시를 여행해야 한다. 외관도 소박하고 조용하고 잔잔한 소도시를 여행하다 보면 내 안의 나를 격렬히 사랑하고 응원해주고 있는 자신을 만날 수 있다. 그것이 소도시를 여행하는 가장 큰 맛이다. 지금 바로 내 안의 응원 단장과 함께 소도시로 여행을 떠나자!

東北 도호쿠
아오모리시
아키타시
센다이시
닛코시

Chapter 4
도호쿠, 숨은 보석처럼 반짝이는 대자연의 풍경

아키타, 너는 사랑이다

아키코는 센다이에서 태어났다. 센다이는 일본 본토의 가장 북단, 도호쿠 지방의 가장 큰 시에 해당하는 곳이다. 아키타를 가기 위해서는 센다이 국제공항을 이용해야 한다. 아키타로 바로 가는 직항 노선이 없기에, 스키를 타거나 온천을 즐기려는 관광객들은 반드시 센다이를 거쳐야 한다.

일본에서는 '아키타 비진(秋田美人)'이라 해서 아키타 미인을 일본 3대 미인 중 하나라 부른다. 나는 유독 겨울의 아키타를 좋아한다. 홋카이도와는 또 다른, 서정적인 일본의 겨울을 느낄 수 있기 때문이다. 말로는 다 설명할 수 없다. 직접 와봐야 한다.

아키코는 시집을 규슈로 가게 되었다. 규슈는 우리나라 제주도 아래에 있는 따뜻한 지역이다. 남편의 월급을 이리저리 쪼개서 살아야 하는 주부의 삶은 한국이나 일본이나 비슷하다. 30만 엔이 안 되는 월급에서 월세를 내고 아이를 키우고, 저녁은 가끔 도시락 벤토로 해결하면서 남은 돈을 차곡차곡 저축해야만 했다.

아키코의 친정은 일본 본토 최북단, 도호쿠 지방이다. 일본은 도로비와 통행료가 비싼 나라다. 그래서 일본인들은 "국내 여행보다 한국 여행이 더 싸다"라고 말하곤 한다. 그러니 아키코가 친정 부모님을 뵈러 가는 일은 쉽지 않았다. 아키코가 친정을 가려면, 먼저 후쿠오카 공항에서 하네다 공항까지 국내선을 타고, 하네다에서 도쿄 시내로 들어가 버스를 탄 뒤, 도쿄에서 센다이까지 신칸센을 타야 한다. 센다이에 도착한 후에도 다시 마을버스를 타고 들어가야 했다.

사실 일본 서민들의 삶은 그리 녹록지 않다. 일본에는 전세 제도가 없고, 월세 개념인 '야칭(家賃)'을 내며 살아야 한다. 세금도 우리보다 많다. 주민세는 한국의 열 배가 넘는다. 물론 고등학교까지 무상의료가 지원되고, 개호보험 같은 복지 제도가 잘되어 있긴 하지만, 사람은 복지만으로 살 수 있는 것이 아니다. 그래서 많은 일본인들은 저녁을 벤토 전문점에서 사 오거나 편의점 도시락으로 때우기도 한다. 된장국 가루를 물에 풀어 국으로 만들고, 따뜻한 녹차에 삼각김밥을 곁들여 소박하게 먹는 경우도 많다. 여전히 300엔, 400엔짜리 벤토 하나로 한 끼를 해결할 수 있는 나라가 일본이다.

아키코도 마찬가지였다. 검소한 부모님 밑에서 자란, 넉넉지 못한 시골 아가씨였던 그녀가 아이를 낳고 살림을 하자니, 자금을 운용하는 게 쉽지 않았다. 그녀는 남편의 월급을 쪼개 쓰고, 간혹 부업도 하면서 차곡차곡 돈을 모았다. 일본에서 부모님께 드릴 수 있는 최고의 효도는 크루즈 여행을 보내드리는 것이다. 크루즈 여행은 시간과 돈이 많이 드는 사치처럼 여겨져 아직 한국인에게는 낯설지만, 일본에서는 부모 세대가 가장 받고 싶어 하는 선물 중 하나다. 대형 크루즈 안에서는 24시간 음식이 제공되고, 수영장과 선상 파티장이 마련되어 있다. 저녁노을이 바다를 붉게 물들이는 시간, 백발의 노부부가 드레스와 턱시도를 차려입고 춤을 추는 모습을 볼 수 있다. 바로 그 장면이 우리가 크루즈 여행에 품는 로망일 것이다. 인생을 잘 살아왔다는 증거 같은 풍경 말이다. 결국 우리가 여행에서 기대하는 것은 영화 속 한 장면의 주인공이 되는 것인지도 모른다.

아키코는 10년 만에 처음으로 부모님을 찾아갔다. 한평생 자신을 키워주신 은혜에 보답하고자 한 달간의 크루즈 여행을 보내드렸다. 그리고 자신은 낡은 집을 수리했다. 겨울이면 나무로 지어진 집은 난방이 어려웠다. 긴 겨울의 아키타는 여행으로 가게 되면 참으로 고요하고 아름답지만, 실은 굉장히 추운 곳이다. 늘 늙은 부모님이 추운 집에서 지내는 것이 마음에 걸렸던 아키코, 그녀의 마음은 참 아름다웠다.

그런데 2011년 3월 11일, 쓰나미가 닥쳤다. 그녀도, 집도 모두 떠내려가고 말았다. 한 달간의 크루즈 여행을 마치고 돌아온 부모님의 심정은 얼마나 참담했을까. 너무나 큰 충격에 삶의 의욕을 잃어버린 부모님은 결국 아키코를 따라가기로 결심했다. 그러던 어느 날, 한 통의 편지가 도착했다. 그 안에는 생전에 살던 집의 사진이 들어 있었다. 그런데 집의 지붕이 특이하게 하트 모양이었다. 아키코는 자주 찾아뵙지 못하는 미안한 마음을, 지붕을 하트 모양으로 개조하는 것으로 표현했던 것이다. 부모님은 그 사진을 들여다보며 한없이 눈물을 흘렸고, 다시 살아갈 용기를 얻었다.

이 이야기는 후쿠시마 쓰나미가 있었던 날의 실제 이야기다. 청정한 자연과 아름다움으로 알려진 도호쿠 지방이지만, 큰 재해 이후 관광객들의 발길이 뚝 끊겼다. 아키타로 가는 직항 노선도 없어 관광이 쉽지 않은 곳이다. 그래서 아키타는 더욱 그리운 곳이다. 스키장의 풍경, 아름다운 호수, 고요하고 청정한 동북 지방의 모습은 우리가 충분히 알지 못하는 세계다.

자연도 때로는 고독이 필요하다. 사람이 주변의 방해가 없는 곳에서 조용히 내면을 들여다보는 시간이 필요하듯, 자연 또한 마찬가지다. 언제나 사람들에게 모든 것을 내어주는 자연이지만, 가끔은 사람의 근접을 막고 힘을 비축하고 재생하는 시간이 필요한 것이다. 그리고 다시 찾아오는 사람들에게 좋은 에너지를 전달해준다. 그래서 나는 자연이 주는 것은 어느 하나 나쁘지 않다고 생각한다. 재해가 많은 일본에서조차 그것은 인간이 서로 돕고 사랑하는 마음을 확인하게 해주는 기회가 될 수 있기 때문이다.

도호쿠 지역은 여섯 개 현으로 이루어져 있다. 인구는 약 860만 명, 면적은 일본 본토의 30%에 해당한다. 아오모리는 사과로, 센다이는 쌀과 와규로 유명하다. 도호쿠는 오랫동안 '오랑캐의 땅'이라 불리며 사람들이 쉽게 다가가지 못했던 곳이다. 그래서 일본 북방의 자연이 고스란히 살아 있는 것이 특징이다. 일본이 세계 2위의 산림 강국임을 자랑하듯, 청정한 자연은 관광객들을 유혹한다.

아키타는 드라마 〈아이리스〉의 촬영지로 더욱 알려졌다. 다자와 호수 앞 장면이나, 뉴토 온천 앞의 사탕 키스 장면에서의 아키타는 아름다운 두 주인공이 사랑에 빠지기에 충분한 배경의 역할을 해냈다. 눈으로 둘러싸인 겨울 아키타의 풍경은 보는 이의 마음을 설레게 하기 충분했다. 드라마의 인기에 힘입어 한때 아키타 직항 항공편도 생겼었다.

'아키타' 하면, 가장 먼저 떠오르는 곳이 바로 다자와 호수다. 둘레 20km에 달하는 이 호수는 일본에서 가장 깊다. 깊이 423.4m로, 세계적으로는 바이칼 호수에 이어 17번째다. 그 때문인지 날씨와 햇살에 따라 호수빛이 시시각각 달라진다. 코발트 블루였다가, 남색이었다가, 투명한 빛으로 변하니 신비롭기 그지없다.

호수 앞에는 금빛으로 반짝이는 다츠코 상(像)이 서 있다. 전설에 따르면 다츠코는 영원한 미모를 원하다가 다자와 호수에 몸을 던져 용이 되었다고 한다. 마치 《심청전》이 연상되기도 하는 이야기는 유교 풍습에 따라 효녀 이야기로 변형된 건 아닌지 생각해본다. 다츠코는 풍만한 곡선미와 서구적인 체형을 가지고 있어 마치 비너스를 연상시키는 모습은 놓칠 수 없는 포토존이다.

다츠코는 결국 호수를 지키는 용이 되었고, 후에 다른 호수의 남자 용과 만나 영원한 사랑을 나누었다고 한다. 두 용신이 지켜주는 덕분에 다자와 호수는 아무리 추워도 얼지 않는다. 시시각각 빛깔을 바꾸며 아름다움을 간직한다. 반대로 남자 용신이 떠난 호수는 빛을 잃었다고 전해진다.

아름답고 신비로운 것에는 늘 이야기가 따른다. 어디서든 러브스토리의 주인공은 대개 아름다운 여자다. 그래서일까, 다자와 호수 주변의 아키기 신사에서 기도를 하면 예뻐진다고 한다. 또한 아키타 여행을 하면 예뻐진다는 말도 있다. 왜냐하면 아키타는 사랑이기 때문이다.

숨은 보석처럼 반짝이는
대자연의 풍경

한 잔의 물과 다이아몬드가 있다. 당신은 시원한 물을 선택할 것인가, 아니면 반짝이는 다이아몬드를 선택할 것인가? 사막에 떨어져 목이 탈 수도 있으니 물을 고를 것인가, 아니면 '나는 다이아몬드를 가질 자격이 있다'고 말하며 그것을 선택할 것인가?

만약 당신이 물을 택한다면, 아마도 언제나 최악의 경우를 상상하며 대비하는 사람일 수 있다. 반대로 다이아몬드를 선택한다면, 지금 여기, 자신을 행복하게 하는 것에 우선순위를 두는 사람일 수 있다.

그렇다면 지금 눈앞의 아름다움에 감탄하며 편안하게 살겠다고 결심하는 것은 이기적인 것일까? 인생을 마냥 즐기기만 한다면 우리는 실패자가 되는 것일까? 우리는 끊임없이 '지금 이대로 안주해서는 안 되고 더 열심히 애쓰며 살아야 한다'는 목소리로 스스로를 몰아세운다. 그 목소리가 우리를 시험하듯 지금 여기에 머물지 못하게 만드는 것이다. 하지만 그 목소리 또한 품어 안아야만 한다. 결국 그조차도 나 자신을 보호하기 위한 안전장치라는 것을 알아차린다면, 뇌는 오히려 나의 가장 든든한 응원군이 되어줄 것이다. 나의 행복을 위해 뇌가 잠시 착각하고 있다는 것만 알아차린다면, 그 불안은 자연스레 사라질 것이다.

여행에도 각 지역마다 다양한 즐거움과 이야기가 있겠지만, 아키타·아오모리 등 도호쿠 지역의 여행은 무엇보다 일본이 가진 대자연의 풍경을 만나는 일이라 할 수 있다. 흘러넘치는 물속에 몸을 담그고 휴식하는 순간, 일본의 정서가 자연과 섞여 흘러든다. 본토의 가장 북단, 도호쿠의 여행은 아직 우리에게 낯설다. 항공 노선도, 교통편도 발달하지 않아 정보도 드물고, 기대 역시 크지 않다. 게다가 '2011년 쓰나미가 닥쳤던 곳'이라며 스킵해버리기도 한다. 그러나 그렇기에 오히려 숨겨진 매력을 발견했을 때의 행복감이 더 큰 것이다.

아오모리는 흔히 사과의 고장으로 알려져 있다. 일본 본토의 북쪽 끝에 자리해, 해저 터널로 홋카이도와 연결된다. 홋카이도가 원래 아이누 민족의 땅이었다면, 아오모리는 일본 본토의 끝자락이라 할 수 있다. 우리나라의 남쪽 끝은 해남이다. 하지만 북쪽은 38선이 가로막혀 있어 쉽게 닿을 수 없다. 그래서 일본 본토의 북쪽 끝이 더욱 궁금해진다. 본토의 북쪽 끝에 산다는 것은 어떤 기분일까? 그들은 어떤 삶을 살아왔고, 그 삶이 그들의 행복에 미친 영향은 무엇일까?

대체로 남쪽은 풍요롭다. 남프랑스가 북쪽보다 잘살고, 우리나라도 북한보다 남쪽이 더 잘산다. 남쪽은 따뜻하고, 북쪽은 춥다. 색채로도 남쪽은 붉은 여름을, 북쪽은 검은 겨울을 상징하지 않는가. 그러나 우주의 순환 원리를 떠올려보자. 혹독한 겨울을 견딘 나무는 그만큼 뿌리를 깊고 단단하게 내린다. 그래서 다시 찾아오는 봄을 맞이할 수 있는 것이다.

도호쿠 지역은 일본의 북동부를 일컫는다. 우리가 가장 잘 아는 아키타, 아오모리를 비롯해 이와테, 미야기, 야마가타, 후쿠시마까지 여섯 개 현이 포함된다. 일본 전체 면적의 30%에 달하며, 북쪽으로는 홋카이도와 인접하고, 동쪽은 태평양, 서쪽은 동해를 접한다. 내륙은 높은 산들로 이루어져 있다. 일본에서 가장 길고 높은 산맥 중 하나인 오우(奧羽) 산맥이 남북으로 관통하며, 이는 동서 지역의 색채 차이를 만들어낸다. 서쪽에는 데와 산맥이 뻗어 있어 아키타를 품고 있다. 높은 산맥에서 발원한 깊고 긴 강들은 이 지역의 생명줄이다. 일본에서 가장 긴 강 중 하나인 기타카미강과 아가노강은 흘러넘치는 물을 선사하며, 이 물들이 주변의 논과 밭에 물을 공급하고 지역 경제를 살리고 있다. 또한 복잡한 해안선은 어업의 발달을 가져왔다.

나는 겨울의 아키타를 잊을 수 없다. 눈 덮인 내륙 고산지대의 산세가 지극히 아름답기 때문이다. 도호쿠는 환태평양 조산대에 속해 지진과 화산 활동이 잦다. 덕분에 산속 곳곳에서 천연 온천이 콸콸 솟아난다. 비밀스러운 분위기의 온천들은 오래된 효능을 간직하며 우리에게 힐링을 선사해준다.

일본은 섬나라여서 우리보다 일교차가 크지 않고, 그래서 단풍의 색깔도 은은하고 잎도 작은 게 특징이다. 그러나 도호쿠 지방은 봄과 가을의 일교차가 크다. 아키타현에서 아오모리현에 걸쳐 있는 도와다 호수의 단풍은 일본 내 최고라고 불릴 만하다. 활활 타는 듯한 진한 색의 단풍은 우리나라 내장산이 최고지만 그 단풍과도 견줄 수 있을 정도다.

봄에는 벚꽃이 만개하고, 가을에는 단풍이 절정에 이른다. 하지만 겨울이 오면 산악 지형의 영향으로 기온이 −15도 이하로 떨어지고, 곳곳에서 스키장이 문을 연다. 아키타의 청정한 눈을 가르며 거친 산세를 활강하는 스키어들을 보는 것만으로도 행복하다. 무엇보다 주변에는 온천이 넘쳐 스키를 타느라 얼어붙은 몸을 녹이기에 충분하다.

환태평양 조산대에 속한 도호쿠. 그만큼 화산 활동과 온천이 풍부하다. 그 가운데 도와다호는 거대한 화산 폭발 후 형성된 이중 화구로, 특유의 매력을 간직한다. 호수 위 유람선에 오르면 고요하고 정취 어린 풍경이 펼쳐지고, 가을 단풍이 더해진다면 그야말로 환상적이다.

도와다 호수에서 흘러넘친 물은 오이라세 계곡을 형성하며 14km에 걸쳐 아래로 흘러내린다. 쏟아지는 물소리를 듣다 보면 마치 숲속 정령이 불쑥 나타날 듯하다. 이끼와 나무에 덮인 바위 사이로 흰 물보라가 피어오르고, 그 사이를 걷는 것만으로도 행복하다. 봄, 여름, 가을, 겨울, 계절마다 다른 풍경을 선사하는 이 길은 길게 걸을 수도, 짧게 걸을 수도 있는 다양한 산책로가 있어 어느 때 찾아도 즐겁다.

아오모리는 일본 사과 생산량의 절반을 차지한다. 일본 여행 중 가장 놀랐던 것 중 하나가 바로 사과 가격이었다. 하나에 2~3만 원을 호가하기도 한다. 그래서 일본의 뷔페에는 과일이 드물고, 식당에서도 디저트로 과일을 내는 경우가 거의 없다. 그만큼 귀한 것이다. 일본 사과가 비싼 까닭은 수확 방식 때문이다.

우리는 대량 재배로 수확하지만, 일본은 솎아내기 과정을 통해 실한 놈들만 붉게 익을 때까지 기다렸다가 하나하나 따낸다. 손이 많이 가는 만큼 정성도 담겨 있고, 가격은 비싸진다. 일본 곳곳에서 치즈나 푸딩 같은 유제품 디저트를 내놓는다면, 도호쿠에서는 달콤한 과일을 맛볼 수 있다는 것이 또 다른 즐거움이다. 드넓게 펼쳐진 사과 · 배 · 복숭아밭을 구경하는 것도 매력적이다.

자고로 남자는 여자를 좋아한다. 하지만 여자는 보석을 좋아한다. 붉은빛, 노란빛, 초록빛으로 반짝이는 보석을 바라보며 불쾌해하는 사람은 없을 것이다. 보석은 언제나 환한 미소와 행복감을 불러온다. 그런데 왜 보석은 모두 산속 깊은 땅속에 숨겨져 있을까? 오랜 시간 열과 압력을 견뎌낸 다이아몬드는 영롱한 빛을 내며 강철처럼 단단하다. 그래서 더욱 신비롭게 아름다운 것일 테다.

그런 신비로운 보석 같은 아름다움을 지닌 곳이 도호쿠다. 꼼꼼히 숨겨진 정보를 탐색하고 알아내서 도호쿠를 탐험하자. 남들은 알지 못하는 나만이 느낄 수 있는 아름다움을 발견할 수 있을 것이다. 도호쿠는 지금도 그 아름다움을 발견할 여행자들을 기다리고 있다.

사람, 자연, 사과가 만나는 곳, 아오모리

70대 중학교 동창 모임의 남자 손님 11명이 아오모리 여행을 오셨다. 출장 준비를 하며 명단을 확인하던 나는 내 눈을 의심했다. 모두 남자라니! 그것도 70대 동창 모임이 전원 남자라니 말이다. 참 세상이 변했구나 싶었다. 왜냐하면 내 인솔 경험상 50대 동창 모임은 남녀가 반반, 60대는 여자가 3분의 2, 남자가 3분의 1, 그리고 70대는 대부분 여성이었기 때문이다. 그런데 이번에는 100% 남자라니.

그래서 주로 여성 취향의 이야기가 주력인 나로서는 어떤 이야기로 분위기를 살리고 즐겁게 해드릴 수 있을지 고민에 빠졌다. 남자 손님들만의 모임으로 크게 즐거웠던 적은 별로 없다. 처음에는 조용히 보살의 미소를 띠고 있지만, 하룻밤 사이에 정치 이야기를 하며 서로 싸운다든지, 아니면 야한 농담을 슬금슬금 하기도 한다. 남자들의 모임은 나이 상관없이 비슷하다는 게 나의 결론이다. 남자들은 아이들이다.

그 시절 학벌 사회에서 번듯하게 고등학교를 졸업하고, 사회에서 한가락씩 활약했을 어르신들은 70대가 되니 훈장도 계급도 내려놓고 이제는 그냥 또래 어르신이 되었다. 하지만 식탁에 앉으면 "팔팔구구"를 외치며 여전히 술도 잘 드시고 놀기도 잘 하신다.

이번 아오모리 여행에서 이분들이 특히 기대한 건 사과 온천이다. 사과를 동동 띄운 온천에 몸을 담그고, 목이 마르면 사과를 꺼내 먹겠다며 우스갯소리를 하실 정도였다. 아오모리는 일본 사과 생산량의 절반을 차지하며, 품종만 해도 50종이 넘는다. 호텔 로비에서는 사과 주스를 무제한으로 즐길 수 있고, 사과 가공식품은 물론, 천장에 사과를 주렁주렁 매달아 장식해두기도 한다. 심지어 온천탕에도 사과를 풍덩 띄워놓는다. 백설 공주도 울고 갈 새빨간 홍옥, 유명한 부사, 청빛 사과까지 차고 넘치는 게 사과다.

남자분 11명이 사과탕에 몸을 담그는 모습은 상상만 해도 웃음이 난다. 그런데 아뿔싸! 그날따라 호텔 측에서 온천에 사과 띄우는 것을 잊었다는 것이다! 사과로 넘치는 아오모리에서 사과탕에 사과를 빼먹다니, 나는 농담 삼아 "바로 옆 사과나무에서라도 따와야 하는 것 아니냐"고 대신 역정을 내드렸다. 아오모리는 '푸른 숲(青森)'이라는 이름 그대로, 과일나무의 천국이다.

 아오모리 공항에 도착해 관광을 시작하면 중심 도시 히로사키로 이동하게 된다. 히로사키에는 약 30만 평 규모의 광활한 사과공원이 자리하고 있다. 무려 80여 종, 2,300그루의 사과나무가 재배되고 있으며, 5월에는 사과꽃 축제가, 11월에는 사과 수확 축제가 열린다. 공원 안에는 양조장이 있어 수확한 사과로 만든 사과 주스와 사과 와인을 시음할 수도 있다. 현장에서 맛보는 사과 주스는 그야말로 환상적이다. 마치 스페인에서 올리브 장아찌와 와인을 저렴하게 즐기듯, 산지에서 바로 맛보는 신선함이야말로 아오모리 여행의 즐거움이 아니겠는가.

 아오모리가 사과로 유명해진 것은 서늘한 기후 덕분이다. 일교차가 심한 날씨 덕분에 사과의 당도가 높아진 것이다. 기온 변화가 심해지면 사과는 자신을 지키기 위해 당분을 배출한다. 얼지 않기 위해 당분을 배출해서 온도를 높이는 것이다. 어쩌면 이렇게 사람과 같을까? 상처 많은 꽃이 향기가 깊듯이, 이런저런 파란만장한 사건을 이겨내며 사람은 더욱 인간미 넘치게 되지 않는가? 사과에서도 인생의 의미를 되새겨본다.

 새콤달콤해서 결코 미워할 수 없는 사과지만, 재배하기는 쉽지 않다. 사과나무에 사과 열매가 대롱대롱 달려 있어도 모두 다 수확할 수는 없다. 솎아내기 과정이 필요한데, 가지치기를 하듯 조금 부족한 사과를 잘라내어 건강한 사과에 영양분이 집중될 수 있도록 한다. 이렇게 정성과 노력이 들어가는 만큼, 사과에 대한 우리의 사랑도 더 깊어지는 것이 아닐까.

일본 내에서 가장 사랑받는 사과는 단연 '기적의 사과'다. 판매 3분 만에 완판되고, 사과 스프는 1년 전에 예약 판매가 마감된다. 사람들은 누군가의 병이 낫거나 시험, 입시에 합격하기를 기원하며 이 사과를 선물한다.

이 사과가 기적의 사과라고 불리는 이유는 기적적으로 무농약 재배에 성공했기 때문이다. 농부들이 화학비료나 농약을 쓰지 않고 사과를 재배하는 것은 거의 불가능한 일이라고 여겨졌다. 당도가 높고 산미가 강하기에 벌레나 병충해에 가장 취약하기 때문이다. 그런 사과를 무농약 재배에 최초로 성공한 이가 있다. 바로 기무라 아키노리(木村秋則) 씨다.

그는 '내 눈과 손이 곧 농약이고 비료다', '사과는 인간이 만드는 것이 아니라 나무가 만든다'라는 신념으로 10년간 끈질기게 노력해 마침내 결실을 얻었다. 그의 이러한 미친 도전은 자신의 아내에 대한 사랑에서 출발했다. 농약 살포 매뉴얼에 따라 성실히 농약을 뿌린 그의 아내가 작업 후 일주일씩 앓아눕는 것을 보고 어찌할 바를 모르던 그는 후쿠오카 마사노부(福岡正信)의 《자연 농법》이라는 책을 접하게 된다. 그 책을 계기로 '농약을 살포하지 않고 자연 농법으로 사과를 재배할 수는 없을까?'라는 생각을 하게 된다.

하지만 농약을 사용하지 않게 되자 이미 면역력이 약해진 사과는 벌레가 대량으로 발생해 죽게 된다. 해가 바뀌어도 그의 사과는 수확을 볼 수 없었다. 주변에서 바보, 파산자라는 놀림과 비웃음이 넘쳐났다. 생활고에 몰린 그는 죽기를 결심하고 산으로 향한다. 그러다 우연히 탐스러운 열매를 맺고 있는 도토리나무를 발견한다. 순간 사과나무로 착각할 만큼 싱그러운 열매였다. 그는 거기서 커다란 깨달음을 얻었고, 그다음 해 마침내 무농약 사과 재배에 성공한다.

'한 가지에 미치면 답을 찾는다'라는 일본인의 근성을 보여주는 그는 사과 재배를 할 때는 "사과나무만 보지 말고 흙을 보라"고 강조했다. 결국 무농약 재배의 기적은 자연과 사과, 인간이 함께 만들어낸 합작품이었다. 그의 사과는 '한입 베어 무는 순간 믿기지 않을 정도로 맛있다', '정신없이 먹다 보니 손안에는 씨밖에 남아 있지 않았다'라는 호평을 받는다. 바로, 이 사과를 아오모리현에서 맛볼 수 있는 것이다.

1991년, 아오모리에 4성급 태풍이 몰아쳤다. 사과의 90%가 피해를 입었지만, 끝내 매달려 남아 있던 사과들이 있었다. 어떤 농부의 아이는 이 사과를 '합격 사과'라 이름 붙여 인터넷에서 평소보다 10배 높은 가격에 팔았고, 불티나게 팔려나갔다. 그때 기무라 씨의 사과는 무려 80%가 나무에 붙어 있었다고 한다. 이유는 단 하나, 자연농법이었다. 자연의 힘을 받아 자란 그의 사과나무는 다른 나무보다 뿌리가 깊게 20m까지 내려앉아 있었고, 사과 꼭지와 가지는 굵고 단단했다. 게다가 사과 스스로 만들어내는 밀납성 물질 덕분에 리놀산과 올레산이 증가해, 영양가와 맛 모두에서 최고가 된 것이다. 이토록 진심이 담긴 사과가, 아오모리를 '사과의 천국'으로 만든다.

사과는 '하루에 하나면 병원에 갈 필요가 없다'는 신의 과일이라 불린다. 그 사과를 껍질째, 씻지 않고 먹을 수 있다는 건 아오모리를 찾는 여행자에게 주어지는 큰 선물이다. 눈물 없이는 들을 수 없는 사과 이야기가 있기에, 아오모리 여행에는 깊은 울림이 있다.

아오모리를 방문한다면 사과의 향기에 흠뻑 취해보자. 아침에는 달큰한 사과 한 쪽을 베어 물고, 사과가 둥둥 떠 있는 온천에 몸을 담근다. 길을 나설 때는 사과 주스로 목을 축이고, 조식 후에는 애플파이와 커피, 그리고 사과 스프까지 곁들여보자. 여행의 가장 큰 즐거움이 먹는 즐거움이라면, 그 즐거움을 사과라는 자연의 선물로 마음껏 누릴 수 있는 곳이 바로 아오모리다.

11명의 '백조 왕자' 손님들은 아쉽게도 사과탕에는 들어가지 못했지만, 그보다 더 큰 선물을 가져가셨다. 60년이 넘는 우정을 간직한 채 함께 아오모리로 여행을 왔다는 그 사실 자체가 이미 신의 선물, 그리고 기적이 아니겠는가. 사과를 많이 먹어서일까, 아오모리의 바람 덕분일까, 다들 볼이 발그레해지고 10년은 젊어지신 듯했다. 그것이야말로 아오모리 여행의 기적이다. 사람과 자연과 사과가 만나는 곳, 아오모리 여행이 행복한 이유다.

일곱 빛깔의 천연 온천, 뉴토 온천

따르릉, 한 통의 전화가 걸려왔다.

"あの、すみませんが(저, 죄송한데요…)."

온천을 이용하던 일본인 손님의 불만을 알리는 프런트 직원의 전화였다.

내용인즉, 한국 손님들이 연둣빛 이태리타월을 들고 "하하, 호호" 하며 서로의 등을 밀었다는 것이었다. 한국인에게는 시원하고 정겨운 문화지만, 일본인이 그 정서를 이해하기란 쉽지 않다. 서로 등에 정을 나누며 애정이 깊어지는 목욕 문화를 그들이 알 리가 없지 않은가.

불만은 거기서 끝나지 않았다. 입욕을 마친 뒤 한국 손님들이 헤어드라이어를 머리가 아니라 겨드랑이, 발등, 몸 이곳저곳을 말리는 것을 보고는 "도대체 왜 그러는지 모르겠다"라는 항의가 이어졌다.

순간, 나는 속으로 이렇게 변명하고 싶었다.

"저기요, 한국인들은 워낙 창의력이 뛰어난 민족이라 시키는 대로만 하진 않습니다. 드라이어가 꼭 머리만 말리라는 법이 어디 있나요?"

그러나 실제로는 그저 "죄송합니다, 주의하겠습니다" 하고 고개를 숙였다. 나라에는 그 나라의 법이 있는 법, 일본에 왔으면 일본의 문화를 존중해야 한다.

출장지에서 가장 신경이 곤두서는 곳이 바로 온천이다. 손님들에게 전달해야 할 주의사항도 많고, 미끄러운 온천 성분 때문에 넘어지거나 다치는 경우도 잦다. 일교차가 큰 날에는 노천욕 중 심장 발작으로 사망하는 사고도 발생한다. 그래서 아이러니하게도, 온천에 손님이 들어가 있는 동안이 오히려 가장 긴장되는 순간이다.

중국은 먹다 자는 문화, 일본은 씻고 자는 문화다. 하루의 마무리를 목욕으로 하는 일본인들인 만큼 온천에 대한 문화도 까다롭다. 원래 온천은 귀족들의 휴양과 치료를 위해 이용되었던 곳이다. 우리 생각으로는 "목욕탕이나 스파나 온천이나 다 같은 곳 아닌가?" 싶지만, 일본에서는 엄연히 다르다. 일본에서는 온천이 있는 곳은 료칸이고 목욕탕이 있는 곳은 비즈니스호텔이다. 그래서 료칸에서는 실내에 있는 슬리퍼나 파자마 차림으로 식당은 물론 관내 어디든지 다닐 수 있지만, 비즈니스호텔은 슬리퍼나 파자마 착용이 금지된다.

일본 여행은 뭐니 뭐니 해도 씻는 즐거움이다. 화산이 많은 나라, 불안정한 지각판 위에 서 있는 일본은 곳곳에서 온천이 솟아난다. 물이 가장 풍부한 일본에서 매력의 정점을 꼽으라면 단연 온천일 것이다. 온종일 관광으로 쌓인 피로를 료칸에 머물며 풀어내는 여행, 생각만 해도 마음이 끌리지 않는가.

내 인생에서 가장 신비로운 온천을 꼽자면, 아키타의 뉴토 온천이다. 흰 눈이 덮인 설벽 사이로 구불구불 이어진 길을 지나 도착한 곳, 그 끝에 자리 잡은 온천 마을은 마치 동화 속에 들어온 듯했다. 동북 끝자락, 사람의 손길이 닿기 어려운 깊은 산림 속에서 피어오르는 하얀 연기와 우윳빛 온천수는 태곳적 모습 그대로였다.

도호쿠 지방에는 아직도 혼욕 문화가 남아 있다. 뉴토 온천은 물빛이 우윳빛이라 몸이 잘 드러나지 않는다. 일본 전통 온천의 원형을 고스란히 간직하며, 그 문화를 지켜온 도호쿠 사람들의 은근한 고집이 오늘날 뉴토 온천을 만들었을 것이다.

뉴토 온천은 드라마 〈아이리스〉에서 두 주인공인 이병헌과 김태희가 일본 온천여행을 간 곳이다. 두 주인공의 아름다운 외모가 신비로운 산속 온천에서 더 빛나던 장면이었다. 온천을 마친 후 사탕키스를 하던 장면은 눈부시게 낭만적이었다.

뉴토 온천은 아키타 여행의 백미인 다자와 호수 관광을 마친 뒤, 울창한 너도밤나무 숲길을 따라 30분가량 달려 들어갈 수 있다. 접근성도 좋아 하루를 보내기에 더없이 적합하다. 특히 겨울, 눈으로 빚어진 설벽 사이를 달려 들어가는 길은 그야말로 환상적이다. 세상 천지가 온통 흰빛으로 가득한 풍경, 그것이 바로 뉴토 온천으로 가는 길이다.

대부분 뉴토 온천을 소개할 때는 "진짜 일본의 온천은 어떤 모습인가?"라는 질문에 답할 수 있는 곳이라 말한다. 일본도 세상의 변화에 발맞추어 관광객의 입맛에 맞게 변해가는 곳이 많다. 그러나 뉴토 온천은 여전히 일본 온천의 원형을 고스란히 간직하고 있다. 그래서 조금 불편할 수는 있지만, 그 불편함이 곧 특별한 매력이 된다. 정성스러운 일본인의 진심 어린 대접을 상징하는 료칸 문화는 일본 여행에서 빼놓을 수 없는 즐거움이리라.

뉴토 온천의 우윳빛 혼욕 노천탕 츠루노유는 드라마 〈아이리스〉에서 주인공 남녀가 혼탕을 보고 깜짝 놀라던 곳이다. 혼탕은 무려 350년의 역사를 가지고 있다. 본래 온천은 치유의 공간이자 귀족들의 문화였던 만큼, 남녀가 함께 몸을 담그며 평화와 행복을 나누었을 것이다. 무엇이든 음양의 조화가 좋은 기운을 만들어내는 법 아니겠는가. 그래서 지금도 그 전통이 남아, 혼욕까지는 어렵더라도 남탕과 여탕의 위치를 바꾸며 조화로움을 추구하는 문화를 계승하고 있다.

나 역시 예전에 남탕에 잘못 들어가 당황했던 적이 있는데, 그럴 때는 차분히 "スみません(죄송합니다)~"하고 얼른 나오면 된다.

유황 연기가 피어오르는 구로유, 주황빛 온천수의 다에노유 등 일곱 곳의 온천은 저마다 다른 매력을 지니고 있다. 한 곳에 숙소를 정하고 일곱 온천을 차례로 돌며 마치 순례자의 기분을 느껴보자. 땅을 파면 온천이 솟아난다는 말이 나올 정도로 용천수가 많은 아키타 여행의 백미다.

정말 좋은 온천일수록 외관은 소박하다. 우리나라는 외관과 체면을 소중하게 생각하는 경향이 강해서 보석 사우나, 옥 사우나 등 스파도 크고 화려해야 손님이 좋아하고 장사도 잘된다. 그러나 진짜 온천은 광물 성분이 녹아들어 피부 각질을 벗기고 더러움을 씻어낸다. 그래서 진짜 좋은 온천이 있는 곳은 나무와 돌로만 지어진 소박한 모습이다. 진짜는 치장하지 않아도 스스로 그 아름다움을 드러내는 법이리라.

나무로 지어진 료칸 건물의 방에는 다다미가 깔려 있다. 다다미가 깔린 방을 화실이라 하는데, 볏짚을 5cm 두께로 채운 뒤 앞뒤를 골풀로 마무리한다. 크기는 91cm×182cm의 직사각형이 기본이며, 평균 수명은 30년이다. 일본은 법이 엄격해 도둑이 많지 않지만, 다다미 도둑은 있었다고 한다. 15년 정도 사용한 뒤 뒤집어 다시 15년을 쓸 수 있기 때문이다.

 난방 문화가 발달하지 않은 일본에서 다다미는 차가운 마루보다는 훨씬 낫다. 어느 순간 그 퀴퀴한 다다미 냄새가 좋아진다면, 이미 일본과 사랑에 빠진 증거다. 다다미 장수로 방의 크기를 정할 수도 있어, 옛날에는 권력자의 위세만큼 다다미 장수를 늘리기도 했다. 온천에 몸을 담갔다가 따뜻하고 나른해진 몸을 다다미 위에 폭신한 이불을 깔고 누워 풀 냄새 맡으며 꿀잠을 자는 상상만으로도 편안하지 않은가.

 료칸 여행의 즐거움은 뭐니 뭐니 해도 정성 어린 사람들의 손길을 듬뿍 느낄 수 있다는 점이다. 전통을 지켜내는 데 가장 중요한 인물은 '오카미(女将)'라 불리는 여사장이다. 전통 있는 료칸에서는 손님맞이와 배웅을 여사장이 직접 한다. 기모노를 곱게 차려입고 맞이하는 여사장은 온천 문화의 꽃이다.

 우리는 낯선 경험을 기대하며 타국을 방문하지만, 사실 가장 크게 마음에 남는 건 현지인에게서 받는 따뜻한 대접이다. 그래서 료칸에서는 무엇보다 사람과 사람의 교류가 중요하다. 인사를 하고, 손님의 신발을 가지런히 정리하며, 정성껏 배려하고 접대한다. 행동과 표정에 깃든 공손함과 감사가 바로 '오모테나시(おもてなし, 대접·환대)' 문화이고, 그것이 온천을 더욱 빛나게 해준다.

온천 여행의 꽃은 단연, 온천 후에 즐기는 맛있는 식사다. 각 료칸은 특색에 따라 코스 요리인 가이세키(会席料理)를 준비하는데, 다양한 크기의 도자기 그릇에 정갈하게 담긴 음식들은 눈을 즐겁게 한다. 국이나 밥까지도 하나하나 정성스레 내어놓는다. 일본 음식은 입으로만 먹는 것이 아니라 눈으로 먹는 것임을 실감하게 된다.

아키타의 쌀밥은 특히 맛있다. 현지에서 나는 식재료들은 도호쿠 자연의 기운을 그대로 머금고 있어 하루 머무는 동안 몸과 마음을 가득 채워준다. 그리고 아침에 일어나 상쾌한 새벽 공기를 마시며 노천 온천에 몸을 담그면, 절로 "아, 정말 좋은데~!"라는 말이 터져 나온다. 그래서 일본의 온천 문화를 귀족 문화라 부르는 것일까.

화려한 여름밤을 달구는
네부타 마츠리

　아오모리 여행은 네부타 마츠리(ねぶた祭 まつり) 시즌이 되면 티켓 값이 배로 뛴다. 호텔을 잡는 것도 하늘의 별 따기다. 마츠리는 우리 눈으로 보면 액막이·액땜을 하는 고사와도 같은데, 그것을 보기 위해 전 세계에서 사람들이 몰려든다. 일본인들이 전통을 지켜내는 방식은 참으로 존경스럽다. 국제 사회에 뒤처지지 않으면서도 각 지역의 특색을 고스란히 간직하고 있다는 점은 칭찬할 만하고, 그 이유가 문득 궁금해지기도 한다.

　네부타 마츠리에서 '네부타(ねぶた)'라 불리는 거대한 등롱이 거리를 가득 메우면, 시민 모두가 하나 되어 참여한다. 모두가 연결되고 하나가 되는 순간, 인간에게 궁극의 행복을 주는 시간이다. 그래서 그 열기는 뜨겁고, 8월의 무더운 날씨와 맞물려 아오모리를 활활 불타오르게 한다.

 2002년 월드컵 때 '붉은 악마'의 거대한 도깨비를 본 기억이 있을 것이다. 우리 고조선 역사의 치우천황을 본떴는데, 붉은색의 무섭고도 용맹한 얼굴이 응원의 열기를 한껏 끌어올렸다. 치우천황은 우리나라 최초의 나라인 배달국의 14대 천황이다. 《환단고기》 삼성기 편에 따르면, 기원전 2707년에 즉위해 109년간 나라를 다스렸고, 다른 이름으로 자오지 환웅이라 불렸다. 그는 중국 황제와 73번 싸워 모두 이겼다고 전해진다. 치우천황이 도깨비 부대를 이끌었고, 황제는 귀신 부대를 이끌었다 한다. 그리고 그 치우천황은 붉은 악마로 다시 돌아와, 우리에게 월드컵 4강 신화라는 기적을 선사한 셈이다.

 도깨비는 원래 부엌을 지키는 조왕신을 뜻하는데, 우리나라에서는 사람을 돕는 수호신이었다. 먼 옛날, 칠흑 같은 어둠 속 밤길에 저 멀리 도깨비불이 보이면, 그 불을 따라가다 인가를 만나고 사람을 만나 목숨을 건질 수 있었다. 어느 순간 이런 것들이 미신이라는 의식으로 치부되면서 우리는 더 이상 도깨비를 볼 수 없게 되었다. 의식 속에서 '없다'고 믿으면 없는 것이고, '있다'고 믿으면 있는 것이다. 그 도깨비가 일본 동북 지방에서는 유독 눈에 잘 띄는 듯하다.

 일본 본토에서 도호쿠라 불리는 동북 지방은 예전에 '에조(蝦夷(えぞ))'라고 해서 북쪽의 오랑캐라 불렸다. 그래서 '북쪽의 오랑캐를 물

리친다'라고 해서 최고 사령관은 정이대장군이라고 했는데, 일명 쇼군이다. 일본의 무신정권 시대의 최고 권력자를 장군이라고 하는데, 바로 여기에서 나온 말이라고 할 수 있다. 그들은 동북 사람들의 피부가 붉고 기골이 장대하다며 두려워했는데, 그래서 형상화된 그림 속 모습이 붉고 크며 마치 도깨비처럼 보였던 것이다. 동북 지방으로 갈수록 아키타의 뿔 달린 괴물 탈을 쓴 '나마하게'를 비롯해, 홋카이도에는 역병을 막아주는 수호신들이 무서운 귀신의 모습으로 전해진다.

생각해보면, "호환·마마보다 무서운 게 야한 비디오"라던 시절, 비디오를 틀면 가장 먼저 우리의 정서를 보호하기 위한 경고문이 나오곤 했다. 일본 축제의 기본 정신도 이와 같다. 불행을 막고 행복을 지키기 위해 신에게 도움을 요청하는 것이다.

신의 가호, 세상의 가호, 땅의 가호를 기도하는 것이 바로 신사다. 일본인들은 인간의 몸 안에 신이 깃들어 있다고 믿기에 머리카락을 단정히 하고, 얼굴을 깨끗이 씻으며, 신발을 가지런히 두는 것을 신의 가호를 받는 길이라 여긴다. 그래서 유난히 청결에 집착하는데, 이는 신이 깨끗한 것을 좋아한다고 믿기 때문이다. 현관 앞, 화장실을 깨끗하게 해야 신의 응원을 받아 장사도 잘되고 좋은 사람도 끌어들인다고 믿는다. 그래서 일본은 시골 마을조차 집 주변이 가지런히 정돈되어 있고 거리도 깨끗한 모습이다.

일본은 섬나라로, 오랜 지역구 시대를 거치며 생활 반경이 좁았다. 집단 문화의 성격이 강하다 보니 남의 눈치를 보고 서로를 의식하며 살아왔다. 제사나 장례 같은 일을 공동체가 함께 치렀는데, 가장 큰 형벌은 '무라하치부(村八分)'라 불리는 소외 형벌이었다. 사람에게 가장 고통스러운 게 분리되는 것임을 알았던 것일까. 경쟁을 극히 싫어하고 모두가 더불어 함께 가는 것을 중시하는 일본이기에, 마츠리는 대대손손 장구한 역사를 이어온 것이리라.

미야기현의 센다이 타나바타 마츠리, 아키타현의 간토 마츠리와 함께 일본 도호쿠 3대 마츠리로 꼽히는 네부타 마츠리는 일본 내에서도 방문객 수 1, 2위를 다툴 만큼 인기 있다. 매년 200만 명 이상이 찾는 네부타는 등을 물 위에 띄워 농사를 방해하는 잡신들을 떠나보내는 의식에서 비롯되었다. 1869년부터 1882년까지는 중단된 시기도 있었고, 제2차 세계 대전 중에도 개최되지 못했다. 그러다 1944년 다시 재개되어 오늘날까지 이어지고 있다. 2020년 코로나 팬데믹으로 잠시 멈췄으나, 2022년 다시 열렸다.

네부타는 사람이나 여러 모형을 형상화한 구조물이다. 나무로 큰 틀을 세우고 철사로 세세한 형태를 잡은 뒤, 종이를 붙이고 그림을 그린다. 누구나 쉽게 만들 수 있는 것이 아니며, '네부타 장인'이라 불리는 이들이 기술을 대대로 전수하며 계승한다. 예전에는 등불을 직접 밝혀야 했기에 불이 붙거나 화재가 나는 일이 잦았다. 대형 네부타는 무게가 무려 1톤이 넘기도 하며, 이를 움직이기 위해 많은 인력이 필요하다. 그래서 네부타는 기업, 단체, 지역 집단의 후원을 받는데, 2015년에는 삼성 갤럭시가 스폰서로 참여한 적도 있다. 전통과 함께 지역경제, 더 나아가 세계 기업들의 홍보가 어우러지는 셈이다.

네부타 수레의 앞뒤로는 춤을 추거나 행렬을 이루며 따라가는 사람들이 있는데, 이들을 '하네토(跳人·ハネト)'라 부른다. 리더가 "랏세이! 랏세이!"라는 구호를 큰소리로 외치면 따라가는 이들이 "랏세, 랏세, 랏세라!" 하며 뛰어간다. 이 하네토는 누구든지 참여할 수 있다. 나이가 많고 적든 여성이든 남성이든 일본인이든 외국인이든 관계없다. 그야말로 전 인류가 하나가 되는 것이다.

네부타 마츠리를 가장 즐기는 방법은 바로 이 '하네토'가 되는 것이다. 즐겁고 짜릿한 최고의 경험을 하기 위해 8월의 무더위에도 불구하고 많은 이들이 아오모리로 몰려든다. 하네토가 되기 위해서는 유카타라는 전통의상을 입어야 하는데, 나는 이 옷이 고구려 사람들이 전수해준 옷 같다는 생각을 종종하곤 한다. 유카타는 기모노의 간편 버전이라 할 수 있는데, 주의할 점은 왼쪽 깃이 위로 오게 해서 입어야 한다는 것이다. 오른쪽 깃이 위로 오게 입는 경우는 죽어서 관에 들어갈 때다. 죽은 사람을 의미한다.

유카타에서 가장 중요한 것은 허리에 묶는 끈이다. 속옷만 입고 유카타를 입는 경우가 많기에 허리끈을 잘 묶어야 한다. 허리끈은 허리에 둘러야 한다 해서 오비라 한다. 하지만 점점 흔적이 없어지는 허리를 발견하기 어려운 경우가 많을 것이다. 그럴 때는 배꼽 밑에 두르면 된다. 너무 위로 묶는다면 하체가 벌렁거리며 보일 것이고, 너무 밑으로 묶으면 상체가 벌렁거리며 불편할 것이다. 그래서 밸런스 있게 중심을 잘 잡아주며 묶어야 한다.

흥겨운 음악에 맞춰 대규모 인파가 함께 구령을 외치며 힘차게 뛴다. 보는 이도, 참여하는 이도 모두가 전율을 느끼는 순간이다. 조용하고 내성적인 일본인들이 어떻게 이렇게 부자나라로 잘살아갈 수 있는지 느껴지는 순간이다. 브라질의 삼바 축제, 이탈리아의 토마토 축제처럼 각 지역마다 지역민들이 하나 되어 즐기는 축제가 있다. 마음껏 놀고, 다시 일상으로 돌아가 성실히 일하는 것. 어쩌면 힘겨운 농사와 척박한 자연 환경 속에서 살던 일본인들에게 마츠리는 잠시나마 마음껏 즐기고 해방될 수 있는 시간이었을 것이다.

우리나라를 생각해보면, 온 나라가 하나가 되어 거대한 굿판을 벌였던 2002년 월드컵은 다시 돌이켜 봐도 정말 신명났다. 우리나라도 이렇게 국민이 하나 되는 축제들이 많았으면 좋겠다. 일본인들은 한 명, 한 명은 약해 보이지만 하나로 뭉쳤을 때는 굉장히 강하다. 집단 문화의 힘은 일면 답답하고 비효율적으로 보이기도 하지만 잠재된 에너지가 폭발할 때 그 힘은 상상을 초월한다. 그런 일본인의 힘을 느낄 수 있는 곳, 그곳이 바로 네부타 마츠리다. 가서 참여하고 충전하자! 강력한 불의 기운을 말이다.

철들지 않아야
여행이 즐겁다

　얼마 전까지, 일본 맥도날드의 메뉴판을 보면 스마일 0원(スマイル 0円)이라는 메뉴가 있었는데, 손님이 "스마일 주세요!(スマイルください!)" 하면 직원이 싱긋 웃는 웃음을 보내주었다고 한다. 미국은 팁을 주어야 하는데, 일본인들은 이 메뉴가 재미있어서 햄버거는 주문하지도 않고 공짜인 웃음만 주문하기도 했다는 웃기지만 웃지 못할 이야기다. 웃는 얼굴은 사람이 사람에게 줄 수 있는 가장 큰 친절이다. 우리가 여행지에서 바라는 것도 타국의 낯선 이들의 뜻밖의 배려와 친절 속에서 웃음을 주고받았을 때의 감동일 것이다. 이해득실에 상관없이 서로를 배려하고 도와주는 마음은 무조건적인 사랑이며 신성함에 가깝다.

　우리는 바야흐로 스마트폰 시대에 살고 있다. 일본 또한 거기에 발맞추어 호텔에서든 거리에서든 와이파이가 잘 터진다. 우리나라는 전 세계에서 가장 빠르게 5G 시대를 선도했고, 명동 한복판에서도 와이파이가 팡팡 터지는 것에 세계인들은 감탄을 금치 못한다. 구글 지도는 너무 잘 되어 있고 간단한 설명까지 나와 있다. 길을 헤맬 걱정도, 시간을 낭비할 염려도 없다. 작은 스마트폰 하나만 있으면 어디든 갈 수 있는 편리한 시대다. 자유여행이든 배낭여행이든, 전기만 연결된다면 어디든 갈 수 있는 세상. 그야말로 위 아 더 월드(We Are the World)의 시대다.

그런데 말이다. 나는 이 편리함이 오히려 행복한 여행을 방해한다는 느낌이다. 여행이란 무엇일까? 그 지역에서 현지인을 만나고, 길을 물어물어 헤매다가 꿈에 그리던 건물과 장소를 발견하는 기쁨, 그것이야말로 여행이 주는 가장 큰 즐거움이 아닌가. 낯선 곳의 신선함에 몰입하고 지금 이 순간을 살아가는 기분을 느끼기 위해 떠나는 것이 여행인데, 스마트폰의 정보에만 매달린다면 뇌는 곧 권태와 지루함을 느끼고 말 것이다. 실로 안타깝지 아니한가.

여행이 주는 가장 큰 즐거움은 연결감이다. 낯선 얼굴, 낯선 공기, 낯선 리듬에 스스로를 연결할 때 우리는 성장하고 기쁨을 맛본다. 그러나 여전히 우리는 기계 문명에 에너지를 빼앗기며 살아가고 있다. 그 탓에 뇌는 기쁨을 오래 유지하지 못하고, 여행을 와도 순간은 즐겁지만 곧 더 자극적인 쾌락을 찾으라며 우리를 조종하는 것은 아닐까?

 불과 10년 전만 해도 일본의 와이파이 보급률은 높지 않았다. 오사카 시내 호텔에서도 인터넷이 되지 않아, 나는 손님들에게 "여행을 오시면 핸드폰을 끄세요. 모든 것을 잊고 자유롭게 여행에 집중하세요"라고 권하곤 했다. 손님과 눈을 마주치며 교감하고 호응하며 함께 기분 좋게 여행하는 것, 그것이 여행의 기본이었다.

 하지만 요즘은 이동 중 휴게소에 들르면 휴대전화만 들여다보는 손님이 많다. 휴게소에서 무엇을 파는지, 일본 자판기는 어떤 종류가 있는지, 현지 사람들이 어떻게 장사하는지를 궁금해하기보다 작은 화면 속 세계를 들여다본다. 아이들도 마찬가지다. 조용하다 싶으면 휴대전화로 게임을 하고 있다. 물론 여행은 부모를 따라나선 가족 모임일 수도 있겠지만, 천진한 얼굴로 이색적인 풍경을 신기해하며 바라보는 대신 게임에 몰두한 모습은 어딘가 안타깝다.

 인간의 직관과 감성을 유지하면서 현대문명의 편리한 혜택을 균형 있게 이용할 방법은 없을까? 그 해답을 찾기 위해서라도 일본의 도호쿠 지방으로 여행을 와야 한다.
 도호쿠 지방에는 아직도 전기를 사용하지 않는 료칸이 많다. 일본이 지진이 잦은 나라인 것은 익히 알려진 사실이다. 특히 도호쿠 지방은 지진 발생이 잦은 지역이다. 지진의 무서움은 진동 그 자체뿐 아니라, 전기 합선으로 인한 화재에 있다. 그래서 진도 5 이상이면 전기가 끊기는데, 호텔에 들어가면 반드시 손전등과 슬리퍼 위치를 먼저 확인해야 한다. 전기가 나가면 손전등을 들고 계단을 이용해 신속히 대피해야 하기 때문이다. 그래서 도호쿠 지방은 아직도 전기를 사용하지 않는 곳들이 많다.

아오모리현의 아노니 계곡은 산속 깊은 곳의 비경으로 유명하다. 일본 최북단의 깊은 산속에 본관과 별채를 합쳐 세 동의 건물이 있는데, 이곳 역시 전기가 들어오지 않아 전통 기름 램프로 어두운 밤을 지낸다. 어둑어둑해지는 오후 시간대가 되면 직원이 직접 등롱을 밝히고, 객실마다 돌며 걸어준다. 텔레비전은 물론 휴대폰조차 쓸 수 없다. 천장에 매달린 램프 불빛에 의지해 깊고 긴 밤을 보내야 한다. 책 한 줄 읽기도 쉽지 않은 어둠 속에서 계곡물 흐르는 소리, 풀벌레 우는 소리를 들으며 밤은 고요히 깊어간다. 옆 사람을 조용히 품으며 함께 머무는 이 순간, 그래서 도호쿠 지방 여행은 사랑하는 이와 꼭 함께해야 한다.

우리가 전기를 사용한 역사는 길지 않다. 그럼에도 어느새 전기 없는 세상은 상상하기조차 어렵게 되었다. 그런데 등롱을 밝히고 사는 모습이 낯설면서도 오히려 마음을 편안하게 해주는 것은 왜일까?

여행을 떠나오면 불편한 게 많다. 말도 잘 안 통하고 운전석의 방

향도 반대이며, 표지판을 읽기도 쉽지 않다. 그러나 여행의 목적은 익숙한 일상을 벗어나 모험하고, 도전하며, 몰입하는 즐거움에 있다. 그래서 우리는 세상에 처음 태어난 아이가 세상을 순수하고 신기하게 바라보듯 여행해야 한다. 사람은 영적으로 깨어 있을수록 젊어 보인다. 스마트폰을 잠시 내려놓고 여행을 한다면, 다시 걸음마를 배우는 아이의 마음으로 돌아갈 수 있다. 좀 헤맨들 어떠한가? 종이 지도를 펼쳐놓고 현지인에게 길을 물어보라. 손을 잡고 모퉁이까지 친절히 안내해주는 일본인들의 배려에 감동하게 될 것이다.

패션 디자이너 개비 바소라(gaby basora)는 "여행은 미지의 세계에서 불안정하게 움직이는 멋진 느낌을 준다"고 말했다. 틈만 나면 새로운 곳을 찾아 떠난다는 '여행 홀릭' 심리학자 제이미 커츠(Jaime Kurtz) 역시, 자신의 책 《행복한 여행자로 사는 법》에서 이렇게 말한다.

"나를 바꿀 그 무언가는 일상의 제약에서 자유롭게 벗어나 평소와는 다른 자신의 모습을 시험하면서 완전히 다른 무언가를 찾아볼 수 있는 곳에 가야만 찾을 수 있다는 결론을 내린 것이다. 이런 탐험을 거치면서 하이킹 도중에 혹은 어느 해변이나 낯선 도시 아니면 어디론가 가는 길 위에서 새롭게 태어나는 경험을 하곤 한다. 지금 당장 꿈의 목적지를 향해 떠날 수는 없더라도 여행이 삶을 변화시킨다는 약속의 불꽃은 우리 안에서 꺼지지 않고 계속 타오른다."

여행은 우리의 삶을 더 나은 방향으로 이끄는 묘약임에 틀림없다. 순수한 호기심으로 가득한 천진한 마음이 우리를 더욱 젊게 살아가게 한다. 진시황이 그토록 찾아 헤매었던 불로초는, 어쩌면 바로 이렇게 철부지 같은 마음으로 떠나는 여행이 아니었을까?

행복하기로 선택하라

힐링이 필요하다면 도호쿠로 여행을 떠나야 한다. 일본의 가장 태곳적인 자연, 사람의 손길이 닿지 않은 있는 그대로의 풍경과 마주할 수 있기 때문이다. 옛말에도 "지혜로운 자는 물을 좋아하고, 어진 자는 산을 좋아한다(智者樂水, 仁者樂山)"라고 하지 않던가. 우리는 때로 물의 기운을, 또 흙의 기운을 필요로 한다. 산의 능선에서 뿜어져 나오는 에너지로 충만해질 때가 있고, 바다의 파동에 맞추어 내 마음의 주파수를 끌어 올릴 수도 있다. 그래서 우리는 바다가 보이는 인적 드문 마을에서 고요를 원하기도 하고, 때로는 북적이는 도시 속에서 사람들과의 연결감을 갈망하기도 한다. 우리의 다양한 욕구는 주변 환경의 변화에 의해 끊임없이 달라진다.

그리고 마음은 연약하고 무른 특성을 가지고 있기 때문에 사소한 말 한마디, 조그만 사건 하나에 마음의 평정은 깨져버리고 만다. 낯선 곳으로 여행을 떠나왔다고 해서 달라질 것은 없을 것이다. 순간순간 생각지도 못한 당황스러운 일들로 내가 계획한 꿈같은 여행지에서의 달콤한 상상은 여지없이 기대를 무너지게 한다. 그래서 어디로 떠나든지 나의 기분을 즐겁게 해줄 행복 보따리를 가지고 다녀야 한다. 웃음이 스멀스멀 피어나는 기억, 기분 좋아지는 추억, 상상만 해도 즐거운 경험들을 마음속에 간직하며 다녀야 한다. 그래서 필요할 때 꺼내어 쓰며 기쁘게 여행하고, 즐겁게 상상하며, 행복하게 살아가는 연습을 해야 한다. 그렇게 행복하게 여행하는 습관을 길러두면, 일상으로 돌아와서도 삶을 더 즐겁게 살아가게 된다.

일본의 대지진설은 일본인들을 늘 두려움 속에 살게 만든다. 아이들은 어린 시절부터 지진 대피 훈련을 한다. 흔들리면 탁자 밑에 몸을 숨기고, 몸을 웅크린다. 그 순간 아이들이 느끼는 감정은 무엇일까. 어린 나이에 죽음의 그림자를 마주해야 하는 그들의 삶이 안타깝다. 어쩌면 그래서일까. '착하게 살지 않으면 하늘이 벌을 준다'는 죄책감이 그들의 무의식에 스며 있는 듯하다. 남에게 폐를 끼치지 않으려 애쓰며 살아가는 일본인의 습관은 여기에서 비롯된 것일지도 모른다. 그렇다면 성인이 된 뒤, 그들은 과연 얼마나 자신에게 행복을 허용할 수 있을까?

2011년 동일본 대지진과 쓰나미가 닥쳤을 때, 일본인들은 하늘을 원망하거나 목소리를 높이지 않았다. 5시간 넘게 식수를 받기 위해 줄을 서도 묵묵히 기다렸고, 마트에서 물 하나와 빵 하나씩만 사야 한다고 했을 때 누구도 사재기하지 않았다. 그 모습에 전 세계가 감동했다. 나는 일본을 통해 알게 되었다. 자연은 인간에게 무의미한 고통을 주지 않는다는 것을. 큰 재해 앞에서도 장점을 크게, 단점을 작게 바라보려는 태도. 서로 돕고 아픔을 나누는 모습, 자연은 재해라는 시련을 통해 우리 안의 사랑을 드러내게 하려고 한다는 것을 말이다.

후쿠시마 원전 사고가 터졌을 때, 도쿄전력 직원들은 사고 수습을 위해 곧장 현장으로 달려갔다. 일본은 기본적으로 도쿄전력에서 전기를 사서 쓰기 때문에 전기료가 비싸다. 우리나라처럼 식당이든 회사든 자유롭게 전기를 꽂아 쓰는 문화와는 다르다. 만약 회사에서 개인 휴대폰이나 노트북을 무단으로 충전한다면 시말서를 써야 할 수도 있다. 이런 이유로 일본 여행은 되도록 해가 지기 전에 일정을 마무리하는 편이 좋다. 우리나라처럼 거리에 가로등이 환히 켜져 있지 않고, 산길이나 시골길을 달리면 그야말로 적막이 깔린다. 참, 그러고 보면 우리나라는 여러 가지 면에서 풍족한 혜택을 누리고 살고 있다는 것을 새삼 느끼게 된다.

호텔 방 또한 마찬가지다. 불을 모두 켰음에도 '이게 전부인가?' 싶을 정도로 어둡다. 원전 사고 이후에는 '더 절약해야 한다'라는 의식이 강해져 한때는 도쿄타워조차 불을 끄고, 도심 전체가 어둡게 유지되던 시기도 있었다. 도호쿠 여행의 수요가 줄어든 이유 또한 마찬가지일 것이다. 여행은 꿈꾸는 순간부터 설레고 기대하는 과정이 주는 즐거움이 큰데, '가야 하나 말아야 하나'라는 두려움과 불안을 가지고서는 여행의 기쁨을 그릴 수는 없기 때문이다.

그래서 항공편도 많지 않은 것이다. 도호쿠 여행은 렌트카를 빌려서 손수 산길을 운전하며 여행해야 하는데, 이는 적잖은 부담이 된다. 아오모리에서 아키타까지 이동하려면 폭설이 내리는 겨울에는 위험을 감수해야만 한다. 하지만 그래서 오히려 아오모리와 아키타 여행이 아름답다. 항공편이 적고, 불편이 따른다는 사실은 오히려 진정으로 이 땅의 아름다움을 원하는 소수의 여행자들만 이곳을 찾게 하기 때문이다.

《안네의 일기》 속 안네(Anne Frank)는 게슈타포(Gestapo)의 위험 속에서도 행복하기를 선택한다. 하루를 보낼 공간이 있음에 감사하고, 언니와 옷을 나눠 입어야 했음에도 갈아입을 옷이 있음에 고마워했다. 어린 그녀의 글 속에서 오히려 성숙한 인품이 느껴진다. 그래서 안네의 일기가 세기를 넘어 여전히 사랑받는 것이 아닐까.

일본의 자연재해가 많은 나라다. 그 속에서 기초공사를 단단히 하고, 건축 강국으로 성장해왔다. 위기는 기회라고 했던가? 자연재해의 두려움 속에서도 인간이 할 수 있는 최고의 기술을 발전시키며 서로를 돕는 그들의 장인 정신이 아름답다. 조그만 일에는 크게 놀라지도 않는 그들의 담대함이 멋지기도 하다. 하지만 이제는 일본만의 문제가 아니다. 전 세계적으로 기후 변화와 기상 이변이 일어나고 있다.

'자연과 신은 인간에게 무의미한 고통은 주지 않는다'라는 대전제를 세웠을 때, 우리는 지금 어떤 마음가짐으로 살아가야 할까? 일본 여행을 하다 보면 소도시든 대도시든 지진의 흔적을 만난다. 그러나 그럼에도 불구하고 여전히 잘 살아가는 일본 사람들을 마주하게 된다. 우리는 그 모습을 보며 무엇을 배워야 할까? 언제 그랬냐는 듯 일본은 여전히 아름답고 사람들은 평화롭다.

본래 어둠과 빛은 하나다. 빛나는 삶과 풍경만 아름다운 것이 아니다. 칠흑 같은 어둠 또한 아름답다. 고요하고 적막한 밤, 그 속에서 더욱 빛나는 별처럼 말이다. 지금은 어쩌면 우주의 흐름이 바뀌는 시대인지도 모른다. 그래서 우리의 의식을 높이고 깨어나 내 마음속 사랑과 빛을 밝혀야 한다. 그렇게 한 사람, 한 사람이 자신의 가슴 속 사랑과 빛을 깨운다. 그 빛이 우리를 감싸고, 우리나라를 감싸고, 일본을 감싸며 전 우주로 퍼져나가는 즐거운 상상을 해본다. 그 속에서 우리는 모두가 하나의 생명임을, 서로를 사랑해야 하는 존재임을 깨닫는다. 그리고 우리는 다시금 '나는 누구인가'를 묻는다. 원래 우리는 자기 삶의 주도권을 가지고 있었다. 이제 그 주인의 자리를 다시 기억해내야 한다.

행복하기로 선택하자. 인생은 즐거운 소풍이다. 신이 우리에게 마음껏 놀고 즐기라고 초대한 자리다. 지금 우리는 이 지구상에서 가고 싶은 곳을 자유롭게 갈 수 있는 시대를 살고 있다. 나의 행복은 내가 책임지는 것이다. 내 인생의 보스로 살아가자. 그리고 오늘도 다시, 행복하기로 선택하자.

부록

사진

―

지도

日本全図

山陰 산인 지방

中国地方

四国 시코쿠

四国地方

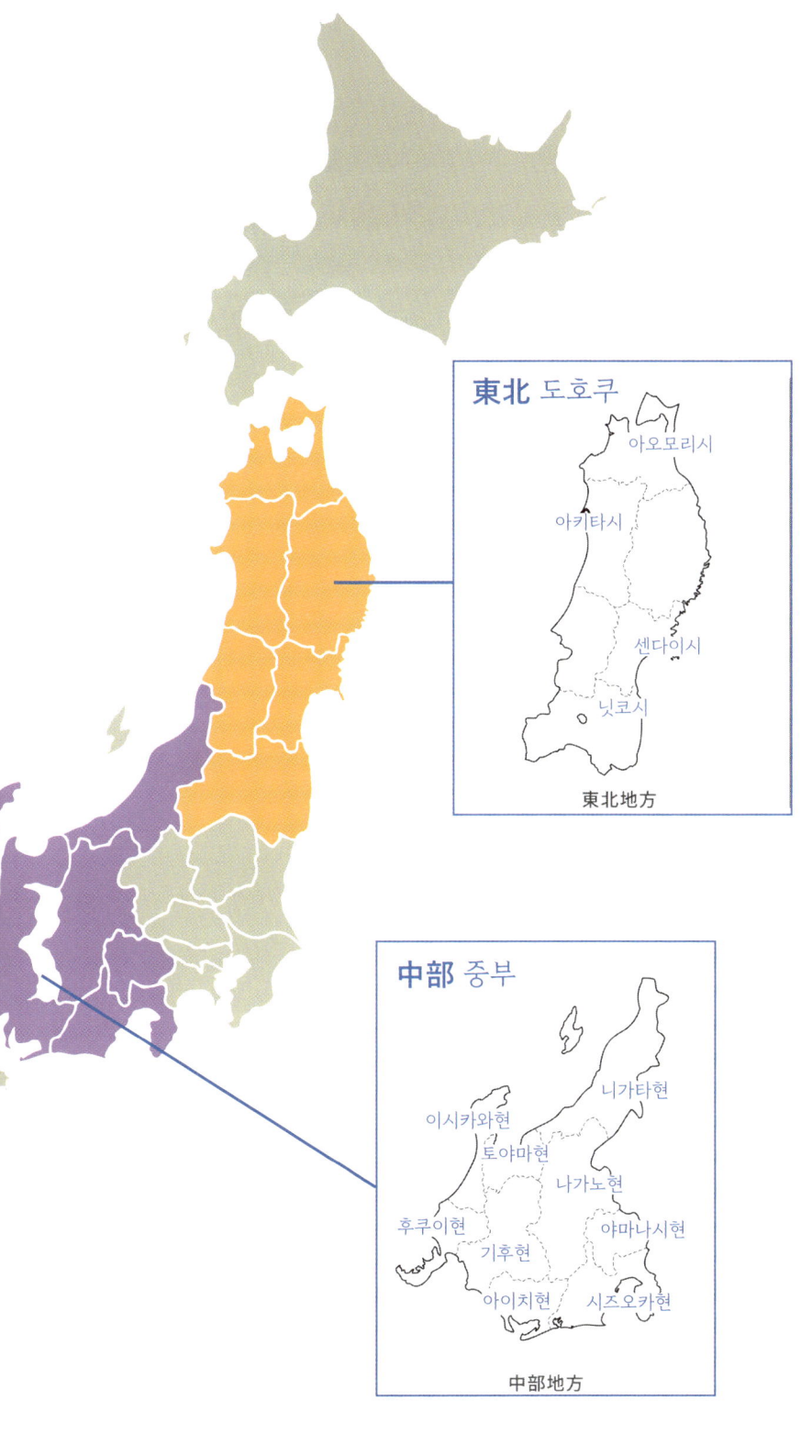

일본 소도시 여행을 가장 행복하게 하는 방법

제1판 1쇄 2025년 11월 19일

지은이	허근희
펴낸이	한성주
펴낸곳	㈜두드림미디어
책임편집	최윤경
디자인	얼앤똘비악(earl_tolbiac@naver.com)

㈜두드림미디어

등록	2015년 3월 25일(제2022-000009호)
주소	서울시 강서구 공항대로 219, 620호, 621호
전화	02)333-3577
팩스	02)6455-3477
이메일	dodreamedia@naver.com(원고 투고 및 출판 관련 문의)
카페	https://cafe.naver.com/dodreamedia

ISBN 979-11-24026-08-3 (13980)

책 내용에 관한 궁금증은 표지 앞날개에 있는 저자의 이메일이나
저자의 각종 SNS 연락처로 문의해주시길 바랍니다.

책값은 뒤표지에 있습니다.
파본은 구입하신 서점에서 교환해드립니다.